福建涉台文物大观 下

福建省文物局 编

图书在版编目（CIP）数据

福建涉台文物大观/福建省文物局编.—福州：福建教育出版社，2011.2
ISBN 978-7-5334-5514-9

Ⅰ.①福… Ⅱ.①福… Ⅲ.文物—简介—福建省 Ⅳ.①K872.57

中国版本图书馆CIP数据核字（2011）第009970号

福建涉台文物大观
福建省文物局 编

出版发行	海峡出版发行集团 福建教育出版社 （福州梦山路27号 邮编：350001 电话：83706771 83733693 传真：83726980 网址：www.fep.com.cn）
出 版 人	黄旭
发行热线	0591-87115073 83752790
印　　刷	福建彩色印刷有限公司 （福州市福新中路66号 邮编：350011）
开　　本	960毫米×1270毫米 1/16
印　　张	31.5
字　　数	400千
插　　页	2
版　　次	2012年4月第1版　2012年4月第1次印刷
书　　号	ISBN 978-7-5334-5514-9
定　　价	480.00元（上、下册）

如发现本书印装质量问题，影响阅读，
请向本社出版科（电话：0591-83726019）联系调换。

地缘文物

地缘，是指历史上因地貌相连、并以地理位置为联结纽带，在一定的时空中形成的共同生产、生活、交往而萌生的地域社会关系。

福建涉台文物中的地缘文物，是闽台间在地理方位上特定亲近的渊源关系之反映。

台湾已知最早的、距今约3万年前的"东镇人"，与福建发现的"狐狸洞人"、"东山人"、"海峡人"等史前人类生活年代与文化特征相同。在这之前的台湾长滨文化，与福建的万寿岩等文化遗址，呈现的史前人类使用之生产生活用具，表现的生活劳作习性，有许多共同点。

台湾学者李亦园说："台湾与大陆关系源远流长。第一批……迁台的移民，是所谓'长滨文化'的主人，他们在距今5万年，或是更早的时候由中国大陆移入……"

台湾学者周俊杰认为："考古发掘的器物，证明早在旧石器时期，来自中国大陆的先民已在台湾从事拓展活动。"

通过对福建旧石器时代文化遗址的调查和考古发掘，以及运用地层学和类型学等方法与台湾同时期文化进行的对比研究，得出的结论：与台湾同时期文化遗址间有着高度的文化共同性，亦反映出福建沿海先民在生产力还非常低下的旧石器时代，利用晚更新世冰期台湾海峡已成闽——台洼地的自然地理条件，实现了往台湾的迁徙，形成了文化内涵相同的渊源与承继关系。

进入新石器时代，海水逐渐侵入闽——台洼地，至迟距今六七千年前已形成台湾海峡及其两岸地貌之现状。台湾的大岔坑文化、圆山文化、凤鼻头文化等史前文化遗址，与隔着台湾海峡遥遥相望的福建平潭壳丘头文化、闽侯昙石山文化、霞浦黄瓜山文化等史前文化遗址，通过地层学与类型学等考古方法所做的比照分析显示，有着相当多的文化相似性与承继关系，表明了这一时期生活在闽台区域的先民们，承袭了以往迁徙的脉络，以舟代步，视台湾海峡为通途，共同构成了海峡两岸新石器时代、青铜时代等史前文化圈。在距今数千年的民族文化发展过程中，闽台因地缘关系和不间断的交往，构成了华夏文明的重要组成部分。

◎壳丘头遗址

壳丘头遗址

位于平潭县平原镇南垄村。距今约6500~5500年，是福建省迄今已知最早的新石器时代遗址之一。1958年调查发现，1985年9月首次考古发掘，1989年被命名为"壳丘头遗址"。分布面积约3200平方米，有上、中、下三层文化堆积，出土的生产工具有石斧、石锛、骨镞、骨匕和陶纺轮、陶支脚等；生活用具有陶釜、缸、豆、碗、盘等。陶片以夹砂灰黄陶为主，泥质陶较少。纹饰以贝齿纹、戳点纹、刻划纹为显著特征。伴随出土有大量轻度石化的鹿牙、鹿骨等兽骨和贝壳。壳丘头遗址的文化内涵与台湾大岔坑文化具有相当的共性，且根据已有的测年数据，壳丘头遗址早于绝大部分大岔坑文化的遗存。1991年，公布为福建省第三批省级文物保护单位。

（张峰、林明/图文）

◎考古发掘探方

◎地表上随处可见的史前文化遗迹

◎陶支脚

昙石山遗址

位于闽侯县甘蔗街道昙石村一座高出地面约20米的条形山岗，毗邻闽江。距今约5000~3000年，是福建沿海地区新石器中晚期的代表性文化遗址。1954年修筑防洪堤时发现，遗址面积约3万平方米，文化层厚达3米。历经十次考古发掘，揭露出墓葬80余座、壕沟2条及大批灰坑、陶窑等重要遗迹，发现大量的贝壳堆积以及石器、陶器等文物2000余件，是典型的海洋性贝丘遗址。昙石山遗址含有四层文化遗存，其中三、四层作为我国东南沿海地区极具代表性的新石器时代晚期文化类型，被命名为"昙石山文化"。昙石山遗址的文化遗存与台湾岛中南部的凤鼻头文化、北部的圆山文化、台北芝山岩文化等遗址内涵相似、年代相近，揭示了闽台古代文化的渊源和共性。2001年，公布为第五批全国重点文物保护单位。

（张峰、曾江／图文）

◎三叠状墓葬

◎石锛、石斧

◎陶豆

◎陶罐

◎陶簋

◎店下马栏山遗址

马栏山遗址

位于福鼎市店下镇洋中村的下底湾西山坡。1987年文物普查时发现,地表散布大量石器半成品和石片废料。分布范围南北长约500米、东西宽250米,面积约12.5万平方米;在东坡的山坳处断面上清晰可见0.7至1.2米厚的文化层堆积。文化层显露有段石锛、石镞、石斧等生产工具和灰色硬陶、夹砂黑陶、黄色软质陶陶片等生活用具,初步判断为青铜时代的石器制作场。1991年,公布为福建省第三批省级文物保护单位。

马栏山遗址发现的文化遗物众多,类别丰富。该遗址的发现对研究青铜时代古人类石器加工业有极高的研究价值,对探讨闽台史前文化的渊源关系,以及南岛语族的起源与扩散课题等,具有很高的研究价值和学术意义。

(郭芳娜/图文)

◎马栏山遗址出土的石器

◎马栏山遗址出土的陶片

◎黄瓜山遗址北面

黄瓜山遗址

位于霞浦县沙江镇小马村。距今约4500~3500年，是福建省沿海地区新石器时代末期文化的代表性遗址。1989年12月~1990年4月首次考古挖掘，2002年夏天又进行小面积考古发掘，发现两组建筑遗迹和部分灶坑、贝壳坑等，出土大量石器、陶器和骨器等文化遗存。其中以石锛为代表的生产工具石器和以橙黄陶、施衣陶、彩绘陶器为代表的生活用具陶器，在闽东广泛分布，并在东南沿海多个地区发现，与台湾大岔坑遗址、凤鼻头遗址出土的上层文化遗存有诸多相似之处，表明新石器晚期海峡两岸仍然保持较为密切的联系，是研究闽台古文化关系，特别是南岛语族的起源、扩散等的重要而又丰富之实物资料。2005年，公布为福建省第六批省级文物保护单位。

（吴春明／图文）

◎黄瓜山遗址南面

◎黄瓜山遗址暴露的文化层堆积

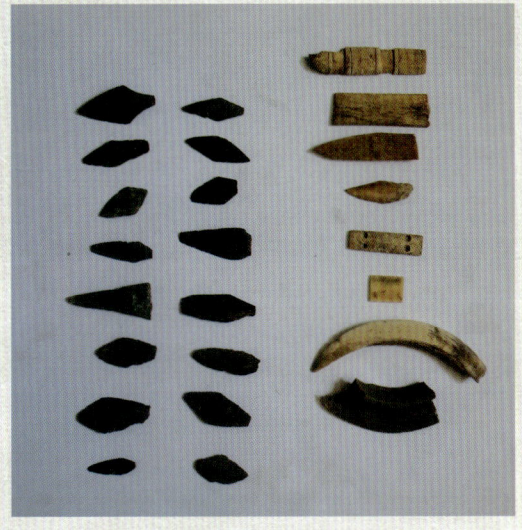
◎黄瓜山遗址出土的箭镞与饰件

◎黄瓜山遗址出土的细石器与贝壳

◎黄瓜山遗址出土的绳纹陶罐与彩陶杯

◎黄瓜山遗址出土的彩陶片

◎黄瓜山遗址出土的石锛与凹石器

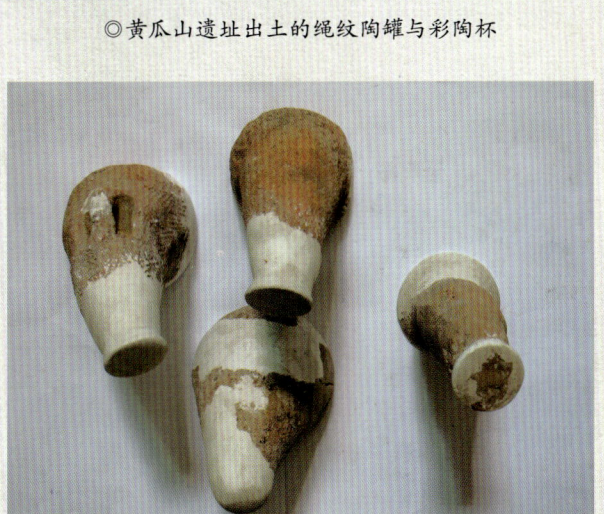
◎黄瓜山遗址出土的陶支座

◎黄瓜山遗址出土的彩绘陶纺轮

◎ 东山大帽山遗址

大帽山遗址

位于东山县陈城镇大茂新村大帽山东南坡海拔66米处，距今5000~4300年，1985年发现，同年公布为县级文物保护单位。

为配合闽台史前文化关系和南岛语族起源问题的课题研究，分别于2002年和2006年对该遗址进行考古发掘，获取了丰富的石器、陶器、骨器、贝器，以及大量陆生动物、海生脊椎动物和海生贝、螺类壳体等标本。出土的陶器群与澎湖群岛、台湾西海岸同时代的陶器极其相似，而绝大部分石锛的原材料都来源澎湖群岛，充分表明大帽山在这一时期与台澎地区有着密切的交往关系。（东山博物馆／图文）

◎ 大帽山遗址考古发掘现场

◎ 大帽山遗址出土的石锛

◎ 大帽山遗址出土的石箭镞

◎大帽山遗址采集的各种螺、贝壳

◎大帽山遗址出土的陶豆

◎大帽山遗址出土的石器

◎大帽山遗址出土的陶罐

◎大帽山遗址出土的陶纺轮

◎大帽山遗址出土的骨器

万寿岩遗址

位于福建省三明市岩前镇岩前村的万寿岩，由多处洞穴组成。其中，灵峰洞发现石制品近百件，包括石核、石片、砍砸器与刮削器等，同时还有多种哺乳动物化石，时代距今20万年左右；在船帆洞考古发掘出土有刮削器、砍砸器、尖状器及石核、石片等石制品400余件。并发现有骨铲、骨锥与角饰等，以及哺乳类、爬行类及鸟类等10余种动物化石，时代距今3万~1万年。万寿岩遗址的旧石器文化遗存时代较早，延续时间较长，洞穴形态及周围环境保存较好，储藏了大量有关当时人类生活及其环境背景的信息，是研究早期人类在中国东南地区生活历史的重要证据。2001年，公布为第五批全国重点文物保护单位。

在万寿岩的灵峰洞发掘出土的两块锐棱砸击石片，距今约18万年前；船帆洞发现的一个石核和三块石片，距今约3万~2万年。经鉴定，其在技术和类型上与台湾发现的锐棱砸击石片和石核相同，这在空间上有力地说明了台湾史前文化源自大陆，为闽台史前文化同源提供了新的证据。（朱凯／文　夏莹洁／图）

◎万寿岩遗址

◎万寿岩遗址博物馆

◎万寿岩遗址船帆洞第五层的B层出土的烧骨、角

◎万寿岩遗址船帆洞下文化层出土的石制品组合

◎万寿岩遗址出土的锐棱砸击石器组合

◎万寿岩遗址的支洞化石组合

◎万寿岩遗址灵峰洞出土的石制品组合

◎万寿岩遗址船帆洞内排水沟槽

◎万寿岩遗址船帆洞内石铺地面

◎南山遗址

南山遗址

位于明溪县城关乡上坊村的南山。1986年发现，文化层堆积厚0.5~1.5米，分布范围近2000平方米。1988、2005、2006年三次考古发掘和钻探，揭露有建筑基址、居住遗迹和墓葬等众多遗迹，文化内涵丰富，涵盖旧石器、新石器和青铜时代三个时期的文化遗存，是目前福建省保存较好的一处洞穴与台地相结合的史前遗址。

◎南山遗址4号洞

南山遗址对研究福建西北地区古代人们的生产生活方式、聚落形态、规模，以及生态环境、稻作农业的起源、演化与传播等，都有非常高的科研价值。遗址基本上代表了福建西北部史前遗址的文化内涵，与东部沿海同期的昙石山文化有一定的相似之处，为研究福建与台湾地区史前遗存间在聚落方式与规模、文化交流、山地居民的生产与生活方式等方面关联，提供了十分珍贵的实物资料。2001年，公布为福建省第五批省级文物保护单位。

◎南山遗址4号洞考古发掘探方

(俞其宝、福建博物院考古所/图文)

◎南山遗址出土的石镞

◎南山遗址出土的有肩石锛

◎南山遗址出土的彩陶片

◎南山遗址出土的炭化稻谷

◎池湖遗址文化层堆积

◎池湖遗址出土的陶壶

◎池湖遗址出土的罍形器

池湖遗址

位于光泽县崇仁乡共青村（原池湖村）。1987年文物普查发现，采集和出土了包括青铜器、石器、陶器等各种生产工具和生活用具在内的上千件文化遗物，分布面积6万平方米，文化内涵以生活遗址及大规模的墓葬群为主。1995年，对池湖的积谷山考古发掘，发现了迄今为止福建省最大的青铜时代墓葬，出土文物中珍贵文物占相当大数量，其中8件由国家博物馆保存，数百件被福建博物院收藏。

池湖遗址出土的青铜时代石器与陶器，与台湾同时期的考古发现以及近代高山族的传统文化特征一致，体现了闽台两地渊远流长的交往关系，对研究福建先秦文化的考古学定位、土著民族的形成与发展、海洋文明的发祥及其与周边地区的文化交流等诸多问题，具有重要的科学价值。

2001年，公布为福建省第五批省级文物保护单位。

◎池湖遗址出土的石斧

◎池湖遗址出土的石锛

◎池湖遗址出土的石铲

◎严复祖居大门

◎严复祖居二进庭院

◎严复祖居中严复一家居所

严复祖居 位于福州市仓山区盖山镇阳岐村。始建于清康熙三十年（1692年），占地面积760平方米。坐南朝北，周以封火墙，前后二进，每进均由门墙、天井、左右披榭、主座组成。主座均面阔三间，进深七柱，穿斗式木构架，硬山顶。严复少年丧父后曾居住在二进西披榭。

严复故居、墓及宗祠

◎严复像

严复（1854~1921年），原名宗光，字又陵，后改名复，字几道，侯官（今仓山阳岐村）人，近代启蒙思想家、翻译家、教育家。严氏世居福州盖山阳岐村，众多后裔寓居台湾。严复三子严叔夏与台北"板桥林"林尔康女儿林慕兰结婚，叔夏的大女儿严倬云是台湾妇女界知名人士、已故"海基会"董事长辜振甫的夫人，二女儿严停云（笔名华严）是台湾著名女作家。姐妹俩少时在福州郎官巷严复故居居住过。严复长孙严侨任台中第一中学教师，李敖为其得意学生。严复之孙严孝章于1949年赴台，任"国防部"军事工程委员会陆军工程处处长、"荣民"工程管理处处长等职，参与台湾许多重大工程建设。

◎严复三子严叔夏像

◎严叔夏长女严倬云

血缘文物

血缘，是由婚姻或生育而萌发及延伸的人际关系，以及由此而派生的其他亲属关系。

福建涉台文物中的血缘文物，主要体现在闽台族亲间，因共同祖先而修建的大量宗祠、家庙、祖居、祖墓等，是台湾人口主要来自福建的聚族而迁、聚族而居的历史见证。

自石器时代、青铜时代直至秦汉的闽越时期，福建先民持续不断地从跨过闽——台洼地，到横渡台湾海峡，披荆斩棘，开发台湾，成为台湾先民的重要组成部分。

宋元以来，随着航海技术的日臻成熟，同处于一个国家共同体的闽台人民间往返愈加密切。尤其是清代乾隆、嘉庆年间，由福建移居台湾生产生活的移民达到了高潮。清末成书的《安平县杂记》描述道：台湾人口绝大部分是汉人，原住民仅占很小部分，而在汉人中，隶漳、泉籍者十分之七八，是曰闽籍；隶嘉应、潮州籍者十分之二，是曰粤籍；其余隶福建各府及外省籍者，百分中仅一分焉"。据1926年所做的统计，台湾在籍汉族人口有375.64万，其中祖籍福建的有311.64万人（占总数的83.1%，其中46.85%来自泉州，35.2%来自漳州）。绵延至今，已愈千万，构成了闽台血缘相亲的坚实基础。

反映闽台族亲共同祖先在福建的出生地、祖居、祖祠、祖堂、祖墓、祖谱、祖图等血缘文物，看似平常，实有千钧之重！是海峡两岸同胞中华心之所系、根之所托。正如台湾《新生报》署名文章所说："慎终追远是我们中国人固有的美德。唯因西风东渐，社会变迁，致使一些美德逐渐为人所排斥、淡忘；更有些人数典忘祖，怀疑自己不是中国人。因此，追溯渊源，探寻自己的根，是一件刻不容缓的大事。"保护好血缘文物，有利于两岸民众增强民族与文化认同感，增进亲情、乡情与中华情。

◎严复墓

严复墓 位于福州市仓山区盖山镇阳岐村鳌头山北麓。清宣统二年（1910年）严复自身主持营造，并亲书"清侯官严几道先生之寿域"墓碑及"惟适之安"横屏。1921年严复卒后归葬于此。

2006年，严复故居、祖居和墓，公布为第六批全国重点文物保护单位。

◎严氏宗祠大门

严氏宗祠 位于福州市仓山区盖山镇阳岐村，明成化年间（1465~1487年）始建，现存系清代建筑，为严复家族宗祠。祠坐南朝北，依山而建，前有门廊，两侧为马头墙，内有屏门、前天井、前厅、后天井、后堂、边房等，占地面积572平方米。2006年开辟为严复纪念馆，馆内以图文形式展现严复生平及在台亲属史迹。2007年，公布为区级文物保护单位。

（张峰、潘越、周民泉/图文）

◎严氏宗祠内景

严复故居 位于福州市鼓楼区郎官巷，清末、民国初期建筑。故居坐北朝南，由主院落和花厅组成。主院落仅一进，入大门后三面环廊，廊下天井，主座面阔三间，进深五柱，穿斗式木构架，硬山顶，马鞍式封火山墙。花厅为民国初年仿西式建筑，楼上是严复卧室，楼下为书房、客厅。

◎严复故居大门

◎严复故居厅堂

◎严复故居花厅

螺洲陈氏五楼及宗祠

◎陈宝琛像

螺洲陈氏于明洪武年间（1368~1398年）迁居福州仓山螺洲。从明至清末，科甲连芳，英贤辈出，著名者如陈若霖、陈宝琛等，成为福州望族。清末民初螺洲陈家与台湾望族"板桥林"两代联姻，陈宝琛胞妹陈芷芳嫁林家林尔康为妻，其女陈师桓又嫁林尔康之子林祥熊为妻。

近现代陈氏家族人才辈出，在台湾军、政、学界有较大影响，如国民党海军第三战区司令、海军总司令部副参谋长、金门防卫司令部副司令陈长庚，台澎要港司令部秘书长陈吉庐，金门防卫司令部副司令、海军中将陈庆甲，空军少将陈锦怀，台湾文化大学市政规划学系主任陈明笠等。

螺洲陈氏五楼及宗祠 位于福州市仓山区螺洲镇店前村。

陈氏五楼即陈宝琛故居，为赐书楼、沧趣楼、还读楼、晞楼、北望楼的总称。坐北朝南，占地面积近5千平方米，系陈宝琛被黜回乡后于19世纪80年代始建，民国初竣工。其中晞楼为西式建筑、北望楼为中西合璧建筑，其他为中式传统建筑。

◎陈氏五楼之赐书楼

◎陈氏五楼之还读楼

◎陈氏五楼之沧趣楼

◎陈氏五楼之晞楼

◎陈氏五楼之北望楼

陈氏宗祠 早先系螺洲陈氏六世祖陈淮创建的家庙，到清康熙十六年（1677年）扩建为宗祠，几经整修。祠坐北朝南，由门楼、仪门、天井、回廊、祭厅、戏台等组成，布局严谨，装饰精致，占地面积500多平方米。

2009年，公布为福建省第七批省级文物保护单位。

（张峰、潘越、周民泉／图文）

◎螺洲陈氏宗祠

◎陈宝琛之父陈承裘故居

◎螺洲陈氏宗祠内景（由后往前）

◎螺洲陈氏宗祠仪门

◎螺洲陈氏宗祠大厅

◎螺洲陈氏宗祠庑廊

◎螺江陈氏家谱

◎陈宝琛墓

◎永盛梁氏宗祠

◎梁鸣谦画像

永盛梁氏宗祠

位于仓山区城门镇梁厝村。前身是永盛梁氏开基祖梁汝嘉于宋隆兴元年（1163年）创建的"贻燕堂"书斋。元至治二年（1322年）翰林学士梁恩观改贻燕堂为梁氏宗祠，现存为清代建筑，1987年由旅台宗亲倡议并献资重修。祠坐北朝南，由门墙、戏台、天井、左右谯楼、钟鼓楼、祠厅等组成，占地面积693平方米。2009年，公布为福建省第七批省级文物保护单位。

永盛梁氏族人多有渡台者。梁鸣谦于清同治十三年（1874年）随沈葆桢巡台，因抚台有功赏加二品顶戴衔。近代则有梁序昭历任台湾海军总部第五署署长、海军舰艇训练司令、海军总司令、"国防部"副部长等职，获台湾海军二级上将军衔；梁敬錞曾任台湾"总统府"国策顾问、"中央研究院"近代史研究所所长等职。

(张峰、潘越/图文)

◎永盛梁氏宗祠祠厅

林尔康墓

位于福州市晋安区鼓山洋里村牛山西麓，建于民国，为林尔康和其妻陈芷芳的合葬墓。坐东向西，土石结构，挡土护围平面呈风字形，占地面积约130平方米。石砌四级墓埕，在第四级墓埕正中石砌一座六面单檐须弥座墓塔，中镶一辉绿岩石碑，上镌"吉上　林镜帆居士　德配陈夫人之墓"。墓陛及影墙刻有飞天、莲花、麒麟等吉祥浮雕。2009年，公布为福建省第七批省级文物保护单位。

林尔康是赫赫有名的台湾首富"板桥林"家族成员。1895年中日"马关条约"签订，台湾被日本占据，他不食异族之粟，举家迁往大陆。28岁病故于厦门，1937年葬于此。陈芷芳，林尔康之妻，陈承裘之女、陈宝琛胞妹。林、陈育有一子二女。儿子娶了陈宝琛之女，两女分别嫁给沈葆桢之孙和严复之子。陈、林、沈、严四家均为近代名门望族，为闽台联姻的典范，被传为一时佳话。

(陈剑辉／图文)

◎林尔康与陈芷芳合葬墓局部

◎林尔康与陈芷芳合葬墓

◎林尔康与陈芷芳合葬墓墓塔碑文

林春泽故居

位于闽侯县南屿镇南旗村水西林街。明代中期林春泽始建，嘉靖十三年（1534年）毁于火，后由其长子林应亮在原址重建。故居坐北朝南，前后三进，依次为带八字马墙头的门楼（前院）、正座、后座（内院），两边配以厢房。1989年，公布为县级文物保护单位。

水西林在宋明两代共出23位进士，乃闽中名门望族。明代林春泽（1480~1583年），字德敷，号旗峰，侯官（今闽侯县南屿镇南屿村）人，正德十年（1515年）进士，历任户部主事、肇庆府同知、高州知府、刑部郎中等。寿逾百岁，身经成化、正德、弘治、嘉靖、隆庆、万历六朝，故朝廷敕建"人瑞坊"，因春泽子应亮、孙如楚、玄孙林慎皆进士，故"人瑞坊"坊额又题"父子孙孙世进士"。

水西林氏分支分布美国及广东、台湾和本省各地，据不完全统计，已有3万余人，近年众多后裔回乡谒祖。

（张峰、曾江/图文）

◎林春泽画像

◎次峰林公支祠

◎闽侯南屿水西林街

◎林春泽故居三进闺阁

◎游朴画像

◎游朴墓

游朴墓

位于宁德市柘荣县双城镇北郊大坪，今柘荣一中大门西侧。明万历二十三年（1595年）建，1983年以来多次修缮，坐北朝南，墓体挡土护围用辉绿岩块石砌筑，平面呈风字形。墓碑亭单檐五脊顶，正面阴刻楷书碑文"皇明湖广参政游少涧墓"，碑前置石雕长方形兽足束腰供桌。墓左前侧立神道碑，五脊顶，首额浮雕双龙戏珠，正文阴刻楷书三列，曰："皇明赐进士、大中大夫、湖广布政司右参政、奉敕分守荆西道、少涧游公神道"。2001年，公布为福建省第五批省级文物保护单位。

游朴（1526~1599年），字太初，号少涧，柘荣黄柏人，万历甲戌科进士，曾任广东按察使司副使、湖广布政司右参政等职，著有《游太初乐府》、《诸夷考》、《游参知藏山集》、《福宁州志》等。游朴后裔遍布海内外，20世纪90年代以来，台湾游氏宗亲多次组团拜谒游朴墓。

◎游朴德政坊

◎台湾游氏宗亲拜谒游朴墓

（游再生／图文）

何宜武、何宜慈故居

位于寿宁县斜滩镇斜滩村坑头里何家巷，是台湾国民党政要何宜武及其胞弟、著名科学家何宜慈的故居。何家巷形成于清道光十九年（1839年）前，何宜武、何宜慈故居是该巷现存最完整的古建筑。坐北朝南，为土木结构的三合院式民居，通面阔17.9米，通进深21.35米。大门匾额书"大夫第"。主座穿斗式木结构，硬山顶。

何宜武（1912~2001年），1947年国民党第一届国民大会代表，1980年任国民大会秘书长，1990年当选为国民大会主席团主席。何宜慈（？~2003年），早年为IBM公司重要科学家，1979年起筹备创办台湾新竹科技园，使之成为台湾"硅谷"，为推动台湾经济转型做出了卓越贡献。

（林和樟／文 龚健／图）

◎何宜武故居

◎何宜武故居厅堂

◎富溪补阙祠中开闽进士薛令之画像

◎富溪补阙祠

富溪补阙祠

位于福安市溪潭镇高岑村,是奉祀薛令之及富溪薛氏历代祖先的祠堂。薛令之(约683~756年),唐神龙二年(706年)进士,为开闽第一进士,官至左补阙兼东宫太子侍读,其祠由此得名。祠始建于唐光化二年(899年),几经修复,现存主体建筑为清咸丰八年(1858年)重建。祠依山而建,坐东朝西,由戏楼、祠厅、祖堂等组成,周以山墙,占地面积720平方米。祠厅、戏楼顶棚均设藻井。2009年,公布为福建省第七批省级文物保护单位。

薛令之第二十一代裔孙迁往同安,后由同安迁往金门岛,建有金门薛氏宗祠。1998年金门薛氏后裔到高岑宗祠寻根问祖,后又组织宗亲会58人前来高岑宗祠祭祖会亲,并赠送金门薛氏族谱。

(张玉文/图文)

◎富溪补阙祠祠厅

◎富溪补阙祠戏台与祠厅间庭院

◎詹功显故居门楼

詹功显故居及墓

詹功显（1772~1854年），字鹤峰，平潭人。清嘉庆年间（1796~1820年）随军出洋征剿蔡牵海上武装集团，因战功升任海坛镇左营把总、福建水师提标中营右哨千总、澎湖水师协副将、金门镇总兵、浙江水陆提督等职，为维护台湾海峡的安定做出贡献。詹功显为官清正廉洁，告老还乡时，道光帝赐银一万三千三百两，用于在籍建府第，并赐"老臣为国"牌匾，以酬忠良。

◎主座前廊悬挂御赐的"老臣为国"牌匾

詹功显故居 位于平潭县潭城镇合掌街，俗称詹厝。建筑外观红砖红瓦，屋脊曲线生起，雕塑装饰炫耀，颇具海岛建筑特色。

詹功显墓 位于平潭县岚城乡北楼村，坐西南朝东北，墓丘石构，三合土封顶，中立辉绿岩石墓碑。

（张峰、林明/图文）

◎詹功显墓

◎溪口村一隅

溪口袁氏宗祠

◎袁氏宗祠大门

位于宁德市柘荣县乍洋乡溪口村中。溪口袁氏以明代开国功臣、福宁州柘洋（今柘荣县城）人袁天禄为始祖。宗祠始建于明代，清道光间（约1826年）及民国时期（约1948年）均有重修。坐西北朝东南，中轴线上依次为大门、下厅（内连戏台）、中厅、上厅等，占地面积327.19平方米。木雕彩绘精美，保存有19面清代和民国时期牌匾，其题匾人包括李宗仁、杨树庄、蒋光鼐、萨镇冰、何宜武等国民党政府政要。2009年，公布为福建省第七批省级文物保护单位。

自清代中叶至1949年前，溪口袁氏族人有一大批迁往台湾、香港、澳门等地经商、谋生，目前遍布世界各地。改革开放后，在台湾和海外的袁氏族人纷纷回乡寻根祭祖。今日之"溪口袁氏宗祠"已成为海峡两岸袁氏宗亲情感交流的重要载体。

(游再生／图文)

◎袁氏宗祠梁架

◎袁氏宗祠内景

◎袁氏宗祠木雕

◎袁氏宗祠保留的清代牌匾

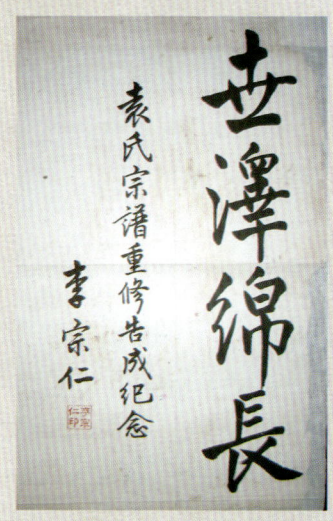
◎民国三十七年李宗仁为袁氏宗祠重修宗谱题词

◎民国辛未年福建省政府主席杨树庄题匾

◎民国二十二年福建省政府主席蒋光鼐题匾

◎郑氏宗祠

◎郑氏宗祠前廊木构架

蒲坂郑氏宗祠

位于莆田市新度镇蒲坂村，为"开莆来学"入莆郑氏始祖郑露祖祠，始建于北宗景佑年间，现为明清建筑，前后两进，抬梁穿斗混合式木构架，悬山顶。据族谱记载，该祠与民族英雄郑成功家族有源流关系。2005年，公布为福建省第六批省级文物保护单位。

（刘鹏志／图文）

◎郑氏宗祠前廊墀头装饰

◎郑氏宗祠主座梁架结构

王希平墓

位于仙游县榜头镇竹庄村昆山。王希平原名王庆旦，字谷京，1899年出生，毕业于上海政治大学，历任仙游县、福安县地方自治指导员。抗战胜利后，随军赴台湾参加接收工作。1951年任台湾省农林厅长官。后归葬故里，其墓于1987年6月建成，坐南朝北，挡土护围平面呈风字形，占地面积101.6平方米。墓为土石结构。坟丘呈龟背状，墓丘前正中嵌方形墓碑，碑额浮雕双凤，左右浮雕花鸟，中竖写楷书"竹庄法学士希平王先生，香田连氏文学士连韫仙凤妹曾氏"。

(林超群/文 连庆光/图)

◎王希平墓

◎王希平墓碑文

莫耶故居

位于安溪县金谷镇溪榜村，旅缅华侨陈纲尚建于民国初年。二层楼，坐南向北，北边有荷池，二层均有池亭，是典型的西式楼阁，水泥钢筋结构，楼顶"逸楼"二字乃晚清进士曾振仲书。

莫耶（1917~1968年），中国著名女作家，《延安颂》词作者，她一生写出了大批讴歌党、讴歌人民战争的文艺作品，革命前辈贺龙曾称她是"出色的女作家"、"真正的女兵"。

莫耶的五哥陈文烈，字延辉，抗日战争胜利后随姐姐陈淑慧去台湾。先在屏东女中教书，曾在台湾童子军中任要职，是世界童子军和台湾童子军的领袖人物。1990年，陈文烈出资整修逸楼，并在二楼大厅布置家族纪念馆。1996年，公布为安溪第五批县级文物保护单位。

(黄炯然/文 吴益祥/图)

◎莫耶故居

◎莫耶纪念馆

黄守恭墓及祖师塔

◎黄守恭墓全景

◎黄守恭墓

◎开元寺祖师塔全景

黄守恭墓 位于泉州市丰泽区北峰街道塔后村西山。泉州黄守恭是海内外紫云黄氏之始祖,其富甲一方,热心公益,施舍桑园建泉州开元寺,开元寺中的檀越祠为紫云黄氏祖庙。历经1300余年,紫云后裔广播闽、浙、赣、粤、港、澳、台,并侨居海外新、马、泰、菲、印尼、欧美等地。据台湾高雄宗亲统计,有70%~80%的黄姓台湾人是属于紫云黄派下的。

黄守恭墓坐东朝西偏北,占地面积30多平方米,仅有墓堆和墓碑,因墓堆上长满野蔷薇花,俗称"刺仔墓"。现存为明崇祯五年(1632年)重修,墓碑刻"五安始祖之墓,大明崇祯壬申季冬裔孙梦松立。"碑宽0.84米,出露地面高1.12米。碑后尚存云月墓碑一方,年代先于明崇祯碑。墓近年重修,增建五门重檐石牌坊一座,占地范围拓至6.56亩。

开元寺祖师塔位于黄守恭墓北侧,花岗岩砌筑,为开元寺祖师妙恩所建,计有三座,一字排开。塔身上部正面各刻一尊佛像,下部分别刻僧、佛、法各一字。中间一座安放开元寺历代住持灵骨,左右两座分别安放众僧灵骨。2009年,公布为福建省第七批省级文物保护单位。

(赖玉芳/文 许哲宗/图)

◎急公尚义坊

◎急公尚义坊仰视

◎急公尚义坊局部

急公尚义坊

　　位于泉州市丰泽区东湖街道凤山社区，清康熙五十四年（1715年）建，坐西朝东，系旌表李光地八世祖李森行善赈灾的义举而建造。坊为三间十二柱五楼牌坊式建筑，花岗岩砌筑，面阔三间10米，进深三间2.8米，通高12米，占地面积28平方米。坊上额匾刻的"急公尚义"四字为康熙皇帝的御笔，坊上栏板刻有李光地的记文。2009年，公布为福建省第七批省级文物保护单位。

　　李光地，安溪湖头人，官至文渊阁大学士，清初著名理学家。他以全家性命担保，力荐施琅挂帅收复台湾，为完成祖国统一大业立下功勋。

（赖玉芳/文　许哲宗/图）

◎盘龙王潮墓山门

◎盘龙王潮墓碑记

◎盘龙王潮墓

◎盘龙王潮墓墓道碑

王潮墓

王潮（846~897年），河南光州固始人，唐末随王绪农民起义军入闽。后归唐，授威武军节度使，卒后封秦国公，谥广武。

王潮墓 位于惠安县螺阳镇盘龙村西北800米处的凤旗山东麓，坐北朝南偏西，为"干"字形石构地宫，占地面积约1825平方米。主墓区分三埕台，正中立"唐封广武王王潮公陵"墓碑。第二埕台建二座碑亭，立"广武王王潮公传略"和"重修广武王陵碑记"二通。第三埕台两旁侍立石翁仲和马、羊、狮各一对。墓在清、民国及近年有较大维修。1996年，公布为福建省第四批省级文物保护单位。

2009年，王氏宗亲曾多次组团抵台恳亲，与台北、高雄、金门等地王氏宗亲会联谊，协商两岸"三王"史迹保护及开展"三王"文化研究。（许黎玲/文 庄清海、许黎玲、黄伟东/图）

◎下埭郭仲远墓

◎下埭郭仲远墓局部

◎下埭郭仲远墓俯视

郭仲远墓

郭仲远（1348~1422年），名泰，字仲远，号毅轩。系元代前来泉州经商的阿拉伯人后裔，元末移居泉州百崎，是百崎郭姓的开基始祖。

郭仲远墓 位于今泉州市百崎回族乡下埭村北的龙头山顶，系郭仲远夫妻合葬墓。坐东北朝西南，占地面积56平方米。依山势而建，前为半月形墓埕，后为三层递进的埕台。在第三层埕台正中置伊斯兰式五层须弥座石墓两圹具，郭仲远墓居左，第四层须弥座上阳刻阿拉伯文《古兰经》。墓体后围垄，左右墓手饰龙首翘脊，后壁嵌伊斯兰教式的阳雕云月图案石刻，体现了中阿文化交流和我国回汉文化的融洽。2001年，公布为福建省第五批省级文物保护单位。

明清以来，郭氏后裔纷纷出海经商，迁居台湾的就有8000多人。在鹿港、台北、基隆三个主要聚居地，先后创立百崎郭氏宗亲会。郭仲远墓是海内外郭氏宗亲寻根谒祖的必到之处。

（许黎玲/文　庄清海、许黎玲、黄伟东/图）

施世纶墓

施世纶（1659~1722年），字文贤，号浔江，晋江衙口人，施琅次子，历任江南徐滩道台、云南巡抚、漕运总督等职。被康熙皇帝誉为"天下第一清官"。卒于任上，钦赐祭葬。清康熙年间，曾随父亲出征平台。

施世纶墓 位于惠安县黄塘镇许田村的顶庭山，是夫妻合葬墓，占地面积1000多平方米。墓圹早年被盗掘，仅存石翁仲、石马、石虎、石羊等。海内外施氏后裔踊跃捐资对墓园全面修复。该墓成为联系台湾同胞的重要纽带，每年都有施氏宗亲组团回家乡寻亲谒祖。1987年，公布为惠安县级文物保护单位。

（许黎玲/文 庄清海、许黎玲、黄伟东/图）

◎施世纶墓全景

◎施世纶墓

◎施世纶墓石翁仲

◎张岳家庙

张岳家庙

张岳（1492~1552年），字维乔，号净峰，明正德十二年（1517年）进士。官至兵部左侍郎兼御史掌理院务。卒赠太子少保，谥襄惠。近人辑有《张襄惠公文集》。

张岳家庙 位于惠安县净峰镇西头村。明洪武二年（1369年）建，后多次扩建。现为前后两进建筑，由门厅、天井、两廊和祠厅组成，坐西朝东，占地面积1000多平方米。第一进厅堂匾额"寅宾堂"，原为明永乐四年（1371年）状元莆田人林环所题，清末举人许宗澄重题；祠厅匾额"理学名臣"，为张岳门生、中极殿大学士赵志皋所题。尚存始建时的石狮一对、花鸟石浮雕两幅。庙前有古井一口及"石敢当"一块。1998年，公布为惠安县级文物保护单位。

现张岳家庙为海内外乡亲和台湾张氏后裔寻根谒祖的重要史迹。

（许黎玲/文 庄清海、许黎玲、黄伟东/图）

◎张岳家庙大门

◎张岳家庙祠厅

◎延寿张氏家庙牌匾

◎居仁提督府第

居仁提督府第

◎居仁提督府第庭院

位于惠安县辋川镇居仁村，是惠安历史名人陈鸣夏的府第，清乾隆年间（1736~1795年）建。坐北朝南，由门厅、正座和后座组成，占地面积350平方米。正座、后座建筑皆面阔、进深各三间，抬梁式木构架，硬山顶。墙体为"出砖入石"结构，具有闽南古建筑风格。提督府第内尚存的清乾隆年间五幅花岗岩浮雕，雕工精致；辉绿岩阴刻楷书"乐善好施"横额，书法遒丽，刻工精致；长方形辉绿岩浮雕"曲水流觞"故事图，较为罕见。2002年，公布为惠安县级文物保护单位。

陈氏后裔曾出进士、举人，近现代名人甚多，还有旅居台湾的陈氏后裔，为开发建设台湾做出不少贡献。居仁提督府第是海内外乡亲和台湾同胞寻根谒祖的重要祖地。

（许黎玲/文　庄清海、许黎玲、黄伟东/图）

◎居仁提督府第厅堂

◎洛阳张氏家庙（大夫第）

洛阳张氏家庙

　　位于惠安县洛阳镇洛阳街，原系清中宪大夫张斐斋于清道光二年（1822年）建，故称"大夫第"。坐北朝南，由门厅、两厢和主座组成，占地面积约400平方米，前有石埕，并筑围墙，埕前左、右竖有旗杆石夹板两对。主座抬梁式木构架，硬山顶。近年来，由旅居台湾及海外的张氏后裔共同集资修复，辟为张氏宗亲家庙。2002年，公布为惠安县级文物保护单位。

　　2009年惠安县洛阳镇《张氏族谱》付梓、张氏宗祠落成庆典，特印制《台湾张氏族谱考增编本》，系统地考察了台湾张氏的源流，及涵盖几百年的张氏宗亲流变谱系。

（许黎玲/文　庄清海、许黎玲、黄伟东/图）

◎林氏祖厝

林氏祖厝

位于晋江市金井镇福全村，清道光十六年（1836年）由福全迁台湾艋舺经商的林宏炉捐建。为三开间两落古厝，坐西北朝东南，面阔10米，进深16.5米，占地面积380平方米。整个建筑为砖木石结构，硬山顶，燕尾脊，檐墙上有精美的石刻，镜面墙上饰烟炙砖，榉头间为石构建筑，顶落为穿斗式木构架。顶落有砖雕、木雕、石雕等装饰。2009年，作为福全所城的重要建筑，公布为福建省第七批省级文物保护单位。

（张卫军/文 林铅海/图）

◎林氏祖厝内部

◎林氏祖厝木构架

◎林氏祖厝石雕

蔡德芳故居

位于晋江市塘东行政村中北区，建于清末。故居坐南朝北，为二进五开间单面护厝，穿斗式木构架，硬山顶，占地面积754.50平方米。

蔡德芳（1824~1899年），字英其，号番邻，同治十三年（1874年）进士，曾任广东新县知县。后往台湾鹿港，历掌鹿港文开和彰化白沙、蓝田、鳌山以及噶吗兰仰山各书院讲席。1895年日本侵占台湾，蔡德芳携眷内渡，居泉城高桂里。

(陈君兰／图文)

◎蔡德芳故居

◎蔡德芳故居大门

◎蔡德芳故居大门门额

◎蔡德芳故居庭院

◎蔡德芳故居厅堂

◎蔡德芳故居山墙

四房施厝

位于晋江市安海镇鸿塔社区内，为清康熙年间在台垦拓大户施世榜所建。厝坐西朝东，面阔33米，通进深40米，为抬梁穿斗式木构架，五开间三落带双边护厝的硬山顶建筑。

清康熙五十八年（1719年）施世榜在台湾彰化东螺平原开发，修八堡圳，可灌溉土地20万亩，年征水租数万石。施世榜在晋江安海建有九座大厝，本建筑为其中之一。

（林铅海／文　陈君兰／图）

◎四房施厝

◎四房施厝厅堂

◎四房施厝大门

◎四房施厝二门

泉州洪氏大宗祠

◎洪氏大宗祠

位于泉州市鲤中街道促进社区，清同治七年（1868年）建。祠前三面环墙，设一大边门，门额匾书"洪氏庙门"。祠坐西北朝东南，沿中轴线依次为祠门、天井、正祠、天井、住宅，并配两翼护厝，具有典型的闽南传统祠堂特色，占地面积1000平方米。

祠门筑于石台基上，门楣嵌"洪氏大宗"匾，两侧石柱刻有清咸丰己未年（1859年）举人洪翟离题"驷马高车地，忠臣理学家"的对联。中间大门作几何棂窗，隔扇对称，两扇雕梅花，另两扇分别雕有鹿凤、龟鹤配翠竹，题有纪念洪氏先祖洪皓的联句："洪皓我祖，节著冷山；忠贞贯日，感动天颜"；"缵承绞绫，荐任赤泉；甘棠遗爱，聚族瓜绵"。

◎洪氏大宗祠一进大门

（吴琪禄／图文）

◎隔扇木雕

◎坎墙石雕

◎交趾陶吉祥图

泉州黄氏民居

位于泉州市鲤城区镇抚巷51号，是清末名臣黄宗汉的故居。黄宗汉（1803~1864年），字季云，号寿臣，泉州人，道光十五年（1835年）进士。英法联军侵占广州间，调任两广总督，抗击英法联军。授吏部右侍郎，有德政，咸丰皇帝特赐御书"忠勤正直"匾额勉之。

宅坐北朝南，始建于明代，现为清代建筑，由二座三大进三开间带双护厝、书房、花园等建筑组成，前有院墙围护石埕。主座构筑严谨精巧、富丽堂皇，是清代泉州仕宦世家聚族而居的典型宅第。

黄氏古宅园林是泉州城里保存最完好的明清私家园林和旅居台湾的黄氏宗亲的祖厝之一，具有较大的观赏、借鉴、研究价值。

2009年，公布为福建省第七批省级文物保护单位。

(蔡逢早/图文)

◎黄氏民居首进门房

◎黄氏民居门头房

◎黄氏民居第三进厅堂

◎黄氏民居第二进厅堂

◎陈嘉庚墓全景（鳌园）

陈嘉庚墓

位于厦门市集美区鳌园。陈嘉庚（1874~1961年），厦门集美人，一生倾资兴学，热心公益事业，1913~1927年创办了集美学村和厦门大学，被毛泽东誉为"华侨旗帜，民族光辉"。中华人民共和国成立后，历任中央人民政府委员、全国人大常委会委员、全国政协副主席、全国侨联主席等职。1961年8月12日在北京逝世，中央人民政府为之举行国葬，灵柩运回厦门，安葬于其亲自策划建设的鳌园内。墓体以辉绿岩块石砌成龟背形，前置墓碑与供台，墓前为重檐歇山顶拜亭。1988年，公布为第三批全国重点文物保护单位。

◎鳌园内长廊

陈嘉庚墓是海内外陈氏宗亲和台湾同胞祭拜瞻仰的重要场所。

（谢明俊/图文）

◎陈嘉庚墓碑

◎陈嘉庚墓拜亭

◎陈嘉庚墓

◎鳌园辉绿岩人物故事雕刻

◎鳌园辉绿岩人物故事雕刻

◎江夏堂牌匾

◎黄培松状元牌匾

◎厦门江夏堂全景

江夏堂

位于厦门市思明区钱炉灰埕，系南安武状元黄培松于清宣统二年（1910年）至1918年建造的江夏黄氏宗祠，原由祖堂、宗贤堂、拜庭、紫云屏、宗亲会馆、江夏小学、望海亭及花园组成，今仅存祖堂一座。祖堂坐南朝北，重檐歇山顶抬梁砖石木结构，建于方形条石台基上，面积约156平方米。堂内藻井中央以层层斗拱叠架而成穹窿状，斗拱、柱头、垂柱和雀替等多为精美的飞天、花卉、祥禽等漆金木雕。神龛以精雕细刻的镂空木雕板构成，工艺十分精湛。2009年，公布为福建省第七批省级文物保护单位。

该堂是世界江夏黄氏总祠堂，是海内外包括台湾黄氏宗亲寻根谒祖的重要场所。

（谢明俊/图文）

◎江夏堂内景

◎神龛上精美的漆金木雕

◎祖堂内藻井

◎墓道碑

◎陈沧江墓牌坊

陈沧江墓

位于厦门市同安区五显镇后烧村，明嘉靖三十五年（1556年）建，占地面积约800平方米，石构墓围，三合土墓丘。墓坪上依次建有石碑亭、石供桌、神道坊。亭中石碑镌"皇明赐进士第、历守三郡、进阶中宪大夫、前刑部郎中、沧江陈公暨配诰封宜人慈淑宋氏墓道"，翰林院编修、金门人许獬为其作墓志铭。该墓是厦门地区规模较大，并具有一定艺术价值的古墓葬。

陈健（1491~1561年），号沧江，金门人，后徙居同安县城。嘉靖五年进士，授刑部主事，出任南安知府，政务宽简，与民休息。后调任广东廉州知府，"为政惟勤"。归田后在莲花石佛口开筑沧江坝，引水灌田，还筑路、倡建南院陈太傅祠、重建金门祖祠等。

1982年，公布为同安县（区）级文物保护单位。

◎陈沧江墓

(谢明俊／图文)

郡马府

位于厦门市同安区大同街道碧岳村铺前佛子岗下，始为南阳叶氏入闽始祖叶洙于唐龙纪元年（889年）的卜居地，开基堂号为"佛岭"。至南宋淳祐八年（1248年）因八世祖叶益娶魏王之妹为妻，其时所建造的府第称为"郡马府"。元初毁于火，明初重建，1992年海内外叶氏宗亲再次重建。照墙及家庙系明清时期建筑。

郡马府，坐北朝南，中轴线上依次为照墙、旗杆埕、家庙、文昌阁，占地面积2170平方米。

郡马府为同安规制较大，且在海内外具有深远影响的宗祠。据不完全统计，明清两朝佛岭叶氏有200余人赴台定居，台湾叶氏宗亲频繁前来寻根访祖。

1996年，公布为同安县（区）级文物保护单位。　　（谢明俊/图文）

◎叶氏家庙

◎郡马府庭院

◎郡马府

◎文昌阁

◎芦山堂前堂

◎芦山堂后苏颂专祠

◎芦山堂正堂

◎苏颂祠堂

◎苏颂祠堂内立的苏颂神位碑

苏颂祠堂 位于厦门市同安孔庙范围内，系南宋绍兴二十三年（1153年）朱熹任同安主簿时为纪念苏颂而建的，并撰《苏魏公同安特祠文》。祠堂初建于孔庙教学堂后，明代成化年间改建于明伦堂左侧，嘉靖年间迁建于今址。现祠堂为硬山顶砖石木结构，仅存正厅，占地面积135平方米，清代建筑风格。厅内尚存清以前所立的苏颂神位碑，上镌"宋观文殿大学士、太子少师、进赠司空、封魏国公，谥正简、字子容、讳颂苏公神位"，及清代嘉庆年间重修碑记一方。

(谢明俊/图文)

◎芦山堂

芦山堂及苏颂祠堂

苏颂（1020~1101年），同安人，历任宋代刑部尚书、吏部尚书、尚书右仆射兼中书侍郎，以太子少师致仕，卒赠司空，追封魏国公，谥正简。他主持创造的"水运仪象台"，是一部集天体观测、天象演示、自动报时等功能于一体的自动化天文台，因此被称为"中国古代和中世纪最伟大的博物学家和科学家之一"。苏颂是同安苏氏芦山派宗亲引以为豪的先贤人物，因而长期以来受到包括台湾在内的海内外苏氏宗亲的敬仰，成为苏氏宗亲祭拜的偶像。

芦山堂 位于厦门市同安区大同镇城区西北隅葫芦山南麓，系苏氏入闽二世祖苏光诲于五代晋开运年间（944~946年）建的府第，苏颂诞生于此。明嘉靖年间重建时，作为全闽芦山苏氏大宗祠，同时在祠堂后修建了苏颂专祠。现存芦山堂系清末民初重建，建筑面积约990平方米。前为苏氏大宗祠堂，有前厅和正厅两部分，祠堂后是原址重建的苏颂专祠。1991年，公布为福建省第三批省级文物保护单位。

芦山堂是苏氏芦山派入闽的发源地，又是苏颂故居，因此衍居海内外包括台湾在内的苏氏后裔纷纷到此寻根谒祖、缅怀先贤。2007年第六届世界苏姓恩亲大会在同安举办，来自世界各地的苏氏宗亲应邀出席。

铺前杨氏贞节坊

位于福建省厦门市同安区大同街道碧岳社区铺前里。明万历三十八年（1610年）为蔡宗德妾杨氏立。牌坊坐东朝西，横跨铺前街，双柱单间三楼，面阔4.36米，现高度约5.5米，方柱粗大，边长0.45米；坊顶额嵌"圣旨""贞节"匾，额枋正、背分别镌刻"明乡进士、梧州通判、诰赠贵州布政使司左参政、蔡宗德妾杨氏"和"明乡进士、梧州通判、累诰赠湖广布政司右参政，蔡宗德妾杨氏"。蔡宗德，金门平林人，任广西梧州通判，蔡卒后，其妾杨氏年33岁守寡。依明代定例，媵妾守节不予旌表，因其孙光禄寺少卿蔡献臣呈状而破例。

◎铺前杨氏贞节坊

◎铺前杨氏贞节坊坊额

◎铺前杨氏贞节坊顶部结构

◎白礁王氏家庙

白礁王氏家庙

位于龙海市角美镇白礁村。明永乐十年（1412年）建，清康熙五十三年秋（1714年）、乾隆四十三年冬（1778年）两次重建。家庙坐北朝南，中轴线上依次为前殿、天井、大殿（世飨堂），左右两侧各建一排护堂厢房，占地面积1627.48平方米。大殿抬梁式木构架，悬山顶。厅堂内四根花岗岩石柱刻有"崇德报功典祀无丰於称，本仁修义昭穆不失其伦"，"唐末开闽光辉北地，明初分巷派行南台"两副对联。台湾王金平胞兄王珠庆，就是根据台湾王氏族谱记载，对照这两副对联含义而找到了祖籍地。

明永历十五年（1661年）白礁王氏十三世孙王文医（即开台始祖）随郑成功征台，定居台湾，至王金平已是第二十二世。目前分布在台北、台中、台南、高雄等地祖籍白礁的王氏台胞有5万余人。

2009年，公布为福建省第七批省级文物保护单位。

（郑云／图文）

◎白礁王氏家庙大门

◎世飨堂

南靖长教简氏建筑

元至元年间,永定县洪源村人简德润入赘南靖长教社(今南靖梅林镇长教村)张家,子衍八房,陆续分播闽粤各地,是为长教简氏。明末清初以来,长教简氏家族有大批子孙迁往台湾,分别在台北、基隆、宜兰、新竹、台中、草屯、南投、嘉义、凤山、屏东等地开基立业。目前长教简氏传至二十五代,在长教简氏有6000多人,而在台简氏则有17万余人。在台简氏宗族观念强烈,建祠崇奉德润始祖,又纷纷回长教寻根谒祖。1984~2007年间,台湾简氏后裔已先后35次组团到长教拜祖,累计达2000多人次。历次祭祖团回来,都献款兴办公益事业,用于修建学校、宗祠、路桥和敬老慰亲等,累计已超过250万元人民币。

长教简氏大宗祠 位于南靖县梅林镇长教村,是长教简氏总祖祠。明宣德六年(1431年)建,几经重修,现存建筑保持清代建筑风格。祠坐北朝南,系两进两厢的悬山顶建筑,主堂抬梁穿斗混合式木构架,主体建筑前辟泮池、祠埕,后设龟背形抄手护围,占地面积约2600平方米。宗祠内的石作构件和梁架斗拱雕刻精美,大木构件满绘彩画,题材丰富。2009年,公布为福建省第七批省级文物保护单位。

◎简氏大宗祠

◎简氏大宗祠庭院

◎简氏大宗祠厅堂

◎简氏大宗祠厅堂悬挂的台湾南投简氏宗亲会捐赠的匾额

◎怀远楼

◎怀远楼内景

怀远楼 位于南靖县梅林镇坎下村，长教简氏后裔于清宣统元年（1909年）建，是一座建筑工艺精美的双环围合土楼。楼基用巨型鹅卵石垒砌，楼围用生土夯筑。楼高4层13.5米，每层34个房间，建筑面积4520平方米。楼内建有极其精巧秀气的"四架三间"上下堂五凤楼式建筑"斯是室"，作为家族子弟读书之处。室内雕梁画栋、古色古香，楹联诗对，随处可见。2006年，作为福建土楼的典型代表之一，公布为第六批全国重点文物保护单位。2007年，作为世界文化遗产"福建土楼之一"，列入世界遗产名录。

和贵楼 位于南靖县梅林镇璞山村。长教简氏后裔建于清代雍正十年（1732年），为方形围合土楼。楼坐西朝东，高5层（前楼高17.08米，后楼高17.95米），每层28间，内通廊式，占地面积1547平方米，建筑面积3574平方米。楼内建有面积159.1平方米的"三间一堂"式私塾学堂，学堂内悬挂着时任国民政府主席林森颁发的"兴学敬教"横匾。楼外建有15间平房护厝，形成楼包厝、厝包楼的景观。2006年，作为福建土楼的典型代表之一，公布为第六批全国重点文物保护单位。2007年，作为世界文化遗产"福建土楼之一"，列入世界遗产名录。

◎和贵楼

◎和贵楼内景

（张立丽／图文）

聚精堂

位于南靖县奎洋镇上洋村庵埔山脚。系庄氏祠堂，明代建，现为清代建筑。主体建筑聚精堂为两进合院式，前有照壁，北侧有厢房，背面有大片的护坡和风水林，占地面积4300平方米。主堂内18根圆方金柱均为辉绿岩石柱，对联均以"聚、精"开首，梁架间装饰各种花板和雕饰，内涵丰富，乃出自清末闽西南一带著名国画家宋赞周之手。2009年，公布为福建省第七批省级文物保护单位。

明清时期，庄氏600多人移居台湾及东南亚诸国，其中台湾300多人，后裔遍布台南、台北、桃园、南投、彰化等地。　　（陈明龙／图文）

◎聚精堂

◎聚精堂大门

◎聚精堂斗拱雕饰

◎聚斯堂

聚斯堂

位于南靖县和溪镇林阪、林中两村之间的鲤鱼山北麓，系和溪林氏大宗祠，台湾彰化、嘉义、南投等地林氏宗亲的祖祠，也是台湾政要林洋港的祖籍地。其肇基始祖于元至正二年（1342年）迁居和溪，明宣德年间（约公元1434年前后）兴建祖祠，嘉靖年间和清光绪二十一年（1895年）、民国二十一年（1932年）多次维修，现存建筑保留清代原貌。祠为两进带东西两护厝式建筑，主堂面阔五间，进深三间，抬梁穿斗混合式木构架，悬山顶，建筑面积292.49平方米。石作构件和梁架斗拱雕刻精美，大木构件满绘彩画，色彩鲜艳，题材丰富。2009年，公布为福建省第七批省级文物保护单位。

(陈明龙／图文)

◎聚斯堂前厅

◎聚斯堂大门

龙湖祠

位于南靖县和溪镇乐土村，始建于明洪武年间，清乾隆二十六年重建。该建筑平面布局为二进二廊一天井，1998年公布为南靖县级文物保护单位。祠后风水林，1963年被福建省人民委员会划为永久性保护地，1980年5月福建省政府批准为"乐土亚热带雨林自然保护区"，为全国最小的森林生态自然保护区。

乐土黄氏始祖黄英公是黄峭第九子化公后裔，明洪武二年（1369年）入赘乐土林家。清乾隆元年（1736年），英公后裔十一代永文公迁徙台湾，居住台北市淡水镇海山堡，后移居桃园县等地。1991年9月间，台湾乐土黄氏宗亲回乡谒祖，献款18万元重修宗祠。

(张立丽/图文)

◎龙湖祠

◎龙湖祠背面

◎龙湖祠厅堂

◎龙湖祠前厅背面

◎龙湖祠大门

◎龙湖祠庭院

龙潭楼

位于南靖县书洋镇田中村吕厝自然村，是书洋吕氏的祖厝。清康熙二年（1663年）建，为方形围合的土楼，高4层16米，每层16开间，计64间，设4部楼梯，四楼的四个边角分别建"瞭望台"，楼中凿有一口古井。2009年，公布为福建省第七批省级文物保护单位。

书洋吕氏先民自清乾隆五年（1740年）开始陆续移民台湾，现吕氏台胞约5万余人，主要分布在台湾桃园县、高雄市等地。1989年4月，台湾吕氏裔孙首次组团回龙潭楼寻根祭祖，至今已有7批250多人次回乡。台湾前领导人吕秀莲，1990年8月29日回到龙潭楼寻根祭祖，亲自提起古井水，说"我一定要喝几口家乡水"，在宗亲面前喝下几口。龙潭楼吕氏与台湾吕氏渊源清晰，关系密切。　　　　（张立丽／图文）

◎龙潭楼

◎龙潭楼内水井

◎龙潭楼内楼梯

◎龙潭楼内景

云阳方氏祠堂

元成宗时期,方国礼自龙溪迁居云霄莆美镇阳霞村,是为云霄方氏的开基始祖,世称"云阳方氏一世祖"。云阳方氏从此发展为全漳方氏族人传衍最盛、人口最集中的族群。现云霄全县有方姓人口5万多人,占漳州方姓人口总数的75%以上。

从明代后叶至民国时期,云阳方氏迁入台湾定居者为数众多。明代天启年间,云阳方氏便有人移居台湾观音里(今高雄县仁武乡境内)赤山仔庄。今嘉义、台南、宜兰、台北、桃园、中坜等地均有云阳方氏后裔,如台南"云霄街",就是云阳方氏第十八世方远馨子孙的聚居地。

云霄莆美镇阳霞村现存祖祠孝思堂、支祠威正堂两座祠堂,是海内外包括台湾云阳方氏后裔寻根访祖的重要场所。

孝思堂 始建于明初,正德年间至清代多次修葺。堂坐北朝南,由泮池、照壁、前厅、主堂、昭德将军祠及毗连的云霞书院等建筑组成,占地面积2000平方米。2001年,旅台宗亲捐资人民币92万元修建昭德将军祠、怀德亭和碑廊等配套建筑。主堂悬挂台湾政要连战题匾"茋猷著绩"。

◎孝思堂大门

◎孝思堂祠厅

◎孝思堂

◎进深第二间明间梁架

◎林氏宗祠

漳州林氏宗祠

位于漳州芗城区西侧洋老巷和振成巷之间,是漳州七县林姓合建的宗祠,由于祠中供奉有林氏始祖比干,所以又称"比干庙"。历史上是林氏族人接待本宗赴考生员往来之重要场所,现又成为台湾林氏后裔回乡谒祖的祖祠之一。

原有建筑为三进带东西两庑的平面布局,现仅存中进四方殿和东厢与主体相连的回廊,保留有明代以前的建筑特征,整体则为明清建筑风格。占地面积272平方米。2001年,公布为福建省第五批省级文物保护单位。

◎林氏宗祠背面

◎林氏宗祠西侧上檐斗拱

◎中湖宗祠

中湖宗祠

坐落于平和县九峰镇大洋陂村，明弘治壬子年（1492年）始建，明、清两朝有过重修，最后一次维修在民国十九年（1930年），现为清代建筑。祠坐东北朝西南，前后两进，抬梁穿斗式木构架，硬山顶。前有大埕和照壁，两侧各有护厝五开间，后有鹅卵石砌成的后花台，占地面积1490平方米。整体建筑规模宏大，典雅精美。2009年，公布为福建省第七批省级文物保护单位。

中湖宗祠的《武城曾氏重修家谱》记载，曾氏第六世祖楼公、兴欣公于清乾隆年间移居台湾，至今已传十二代，其后裔第十九代孙曾木辉曾于1965年回家乡寻根谒祖。第十九代孙曾庆锥、曾乙鸣及其他世孙瑞美、雪华、一尘也于20世纪八九十年代多次回家乡寻根谒祖。

◎中湖宗祠背面

◎梁架瓜拱雕饰

林氏大宗

位于平和县五寨乡埔坪村,清顺治年间建,现为清代建筑,1992年重修。祠坐北朝南,由门楼前厅、两侧走廊和正堂组成,占地面积629平方米。门楼前有大坪和戏台。正堂和门楼前厅挂有同治二年(1863年)"四代一品"、同治三年"太子少保"、雍正年间"文魁"等众多牌匾。1988年,公布为平和县级文物保护单位。

五寨林氏始祖林子慕于元末自漳浦鹭下迁居五寨埔坪村。第十四代林石于清乾隆十九年(1755年)渡台,即为清代台湾望族雾峰林家的始祖。第二十代林祖密经营产业,为台湾巨富,清末迁居厦门鼓浪屿,追随孙中山,襄助革命。近年来,台湾雾峰林家后代多次到五寨祭祖省亲,其中有林祖密第六子林正利,台中林氏董事会会长林钦浓等,往来频繁,并捐修了林氏大宗。

◎林祖密像

◎门廊木雕窗花

◎林氏大宗

◎石柱础

◎林氏大宗祠厅

◎孝思堂照壁

◎孝思堂后视

威正堂 清光绪初年建，坐北朝南，由前厅、主堂、东厢等建筑组成，占地面积300平方米。内有肇建碑刻、清云霄厅同知秋嘉禾题联。此方氏支系于清光绪年间曾出有一位"翰林院编修"方炎，宗亲移居台湾繁衍，为数不少。

(汤毓贤、方群达/图文)

◎威正堂

◎威正堂庭院

◎威正堂木梁架雕饰

◎何氏家庙

何氏家庙

位于云霄县马铺乡顶何后厝村，系云霄、平和两县及台湾何氏总祠。清乾隆十八年（1753年）建，民国十年（1921年）重修。家庙坐西北朝东南，二进一院，占地面积220平方米。主堂为抬梁式木构架，硬山顶，燕尾脊。木构面层保留清代梁架彩画，前廊隔墙镶贴浮雕、透雕花岗岩石板，有民国二十年（1931年）台胞捐资碑、2003年重修何氏家庙碑及台胞捐资碑等。2009年，公布为福建省第七批省级文物保护单位。

何氏在马铺已繁衍600多年，明代出有台湾都使司都司何毅园，清代出有何斌、何义、何佑"三杰"，协助郑成功或清朝收复与建设台湾；生于台湾的乾隆年间进士何子祥，曾任平阳、浦江县令加通判等。全国台湾企业联合会常务副会长何希灏的祖籍地也是马铺。现居台何氏宗亲有5万余人。

（汤毓贤/图文）

◎何氏家庙侧立面

◎何氏家庙厅堂

陈政墓

位于云霄将军山东麓，始建于唐高宗仪凤二年（677年），是唐玉钤卫归德将军、岭南行军总管、"开漳圣王"陈元光之父陈政暨夫人司空氏合葬墓。墓坐西向东，由享堂、石翁仲、石像生、石望柱、神道碑等组成。墓体呈寿龟形，椭圆龟背顶，挡土护围以斜线纹砖垒砌，平面呈风字形。1991年，公布为福建省第三批省级文物保护单位。

1984年清理墓地，出土享堂遗址及石雕柱等多件。1986年修复墓上建筑，又发现砖构封土遗存。次年相继修复石像生、享堂及封土建筑。1999年，云霄县政府兴建将军山公园，在墓前增建棂星门、华表、大门，续建碑廊、将军碑林、御碑楼及碑亭、牌坊等，占地面积1万平方米，成为海内外开漳将士后裔和台湾同胞寻根谒祖的圣地。

（汤毓贤／图文）

◎陈政墓前石像生

◎陈政墓体

◎赵家堡远眺南三堂

◎赵家堡石塔

赵家堡

位于漳浦县湖西乡赵家堡村，由元初避居漳浦的赵宋皇族赵若和的第十代孙赵范始建于明万历二十八年（1600年），万历四十七年（1619年）扩建外城，崇祯七年（1634年）增建若干建筑，占地面积9.13公顷，其中建筑面积约10807平方米。现存建筑主要为明代遗存，分内外城布局。外城城墙石构，设四城门，均建有城楼，其中北门为正门。城东南侧为1600年建的内城，内建方形围合三层内通廊式土楼。城中部建四座同式五进府第。城东北侧为六座堂屋，自东南至西北依次为志堂、忠堂、惠堂、史堂、孝堂、守堂，均由门厅、正堂、后堂组成。堂屋之间为园林式院落，布置湖石树木，为赵家堡主人的读书处。府第正前面为荷花池，以石构长堤分隔为内外池，内池中架汴派桥。赵家堡是闽南城堡式聚落的范例，2001年，公布为第五批全国重点文物保护单位。

清乾隆年间，赵家堡赵氏后裔迁居台湾，主要聚居于台北，并在聚居地建造了一座赵家堡。

（黄文富/图文）

◎赵家堡东门

◎赵家堡碑刻

◎台湾桃园赵家堡

锦江楼

位于漳浦县锦江村,是一座内高外低三圈围合的内通廊式圆形土楼。整体呈金字塔形,楼门西南向。内圈直径25米,高三层,主墙体高四层;一层外墙,石构基,其上为三合土板筑;一、二楼平均分隔为12间,二楼设内向通廊;三楼廊无隔间,全圈贯通;正南间为楼梯间,梯道直通第四层主楼。中圈直径42米,高二层,分隔成24间,前设深1.6米的雨棚,门与内圈门同式,共处一条中轴线上。外圈直径58米,为一层的平房。2001年,公布为福建省第五批省级文物保护单位。

锦江楼所在地原称江头村,属乌石林姓。乌石林姓历史上有不少人东渡台湾,繁衍于台北、宜兰、彰化、南投、基隆、云林等地,其中有雍正年间林协、林捷、林良三兄弟,居台湾南部,近年多有后裔回乡寻根谒祖。

(黄丽群/图文)

◎锦江楼

◎锦江楼木构架

◎锦江楼楼匾

◎锦江楼内景

◎锦江楼楼内庭院

◎海云家庙

海云家庙

位于漳浦县旧镇后埔边村，亦称乌石大厅，是乌石林姓祖庙。由林普玄等于明正统十三年（1447年）建，明正德十五年（1520年）林震重修，万历八年（1580年）重建，形成现在的规模。家庙坐东朝西，沿中轴线依次为水池、戏台、大埕、门厅、前堂、天井庑廊、正堂、天井庑廊、后堂，土木结构，悬山顶，占地面积1080平方米。2006年，公布为福建省第六批省级文物保护单位。

乌石林姓，历史上分衍到全省各地，也有不少东渡台湾。台北、台中、台南、高雄、凤山、宜兰、彰化、南投、基隆、云林等地均有乌石林氏的传人。20世纪90年代，台中林瑶琪、彰化林瑞国回乌石寻根谒祖，鼎建乌石天后宫、长春中学。此外，还有宜兰林渭水等多次组团回乡谒祖。

（王明月／图文）

◎海云家庙抱鼓石

◎海云家庙檐口木构梁架

◎海云家庙柜台脚

◎海云家庙柱础

◎海云家庙抬梁式木构架

◎存膺褒纶坊

存膺褒纶坊

位于漳浦县赤湖镇东大街，明万历年间为百岁翁陈世烈而建。百岁翁陈世烈，为明进士陈镳之父。陈镳，字君义，号观海，赤湖北桥人，万历三十年（1602年）进士，官广西按察使。该牌坊东南走向，为四柱三门三楼式，仿木石结构，通面阔8.7米，通高7.6米。正楼楼顶为整块石板仿屋面雕琢而成，并采用辉绿岩石仿木斗拱，层叠出跳承托屋顶。坊额正、背面嵌有楷书："存膺褒纶"石匾，现被抹上石灰。1992年，公布为漳浦县级文物保护单位。

据族谱载，陈世烈、陈镳的后代，有不少人入台定居，其中有同治年间进士陈望曾等，他们的后裔遍布台湾各地。

（陈幼森/图文）

◎坊上石斗拱构件

◎坊上石雕饰

◎崇孝堂

崇孝堂

漳浦县赤湖镇西城村崇孝堂为赤湖陈氏总祖祠。明代建，清乾隆年间旅台族人捐资重修建。堂坐东北朝西南，沿中轴线依次为照壁、砖埕、门厅、天井以及正堂，占地面积320平方米。2004年，公布为漳浦县级文物保护单位。

漳浦县赤湖镇南峰村崇孝堂是赤湖陈氏的支祠，清乾隆年间建，1989年重修。坐东南朝西北，由前厅、天井、正堂组成，建筑面积290平方米。

历史上有大量赤湖陈氏族人移居台湾垦殖，其中陈光昭为清乾隆武进士，任澎湖安平协镇，留居台湾；康熙间有陈宽仁渡台，开发彰化二水，传裔近万人；乾隆间有陈增素、陈仁灶入台，开发桃园大溪、南投、彰化；嘉庆间有陈丹，加入吴沙垦荒行列，后裔分布在宜兰；道光、咸丰间又有陈增中、陈辉煌、陈加添等后裔分布在宜兰罗东、桃园一带。在台赤湖陈氏族人与祖地交流频繁。如，陈瑞和先生于1991年捐资200万元人民币重建赤湖中学校舍，增设高中部；后又捐资12万元重修南峰崇孝堂，作为村里的老人活动中心。

◎崇孝堂大门

◎崇孝堂厅堂

（陈幼森、杨贵妹/图文）

◎蓝氏宗祠

◎蓝氏宗祠内碑刻

蓝氏宗祠

又名蓝氏大祖，位于漳浦县赤岭乡石椅村，明嘉靖二年（1523年）建，清康熙三十四年（1695年）福建陆路提督蓝理捐银重建，称"种玉堂"；民国二十六年（1937年）正月初二遇火焚毁，同年，旅居印尼的宗亲捐资重建，1982年，族人再次全面重修，1995年第四次重修。宗祠坐西南朝东北，由埕、门厅、天井庑廊、正堂、左右厢房等组成，建筑面积540平方米。门厅左侧有康熙三十四年（1695年）所立"重修祖庙祠碑记"，记载蓝氏家族源流、迁徙及建造宗祠的经过。2009年，公布为福建省第七批省级文物保护单位。

由于历史上蓝理、蓝廷珍等带兵入台，曾带去不少蓝姓族人，一部分人留下定居于台湾，主要在台北，后裔每年都组团回乡寻根拜祖。清初著名的政治家、被誉为"筹台宗匠"的蓝鼎元，其子蓝云锦也迁居台湾，子孙定居于屏东里港一带。

（王明月/图文）

◎蓝氏宗祠庭院

◎蓝氏宗祠周边环境

谢氏宗祠

位于长泰县武安镇城关村后庵，又名谢氏祖厝、宝树堂。始建于元代，清代重修建，现存建筑为清代风格。祠坐西北朝东南，石、砖、木结构，中轴线上依次为门厅、天井、正堂，占地面积为164平方米。

谢氏宗祠奉祀宋代长隆谢氏开基始祖谢君垢以及谢谦亨。谢谦亨（1819~1887年），字吉六，号筠士。清道光十七年（1837年）举人，道光二十五年进士。初授刑部主事，升军机处行走。光绪元年（1875年）任员外郎，又升江南道监察御史，为政多有建树，精于文学，工于书法，有不少书法作品传世。

长泰谢氏与台湾谢氏渊源深远，明清时期就有谢氏先人赴台湾云林县北港繁衍生息，近年来有密切的书信来往，台湾谢氏曾组团到漳州寻根祭祖。

（林春兴、郑阿忠/文 林雪铭/图）

◎长泰谢氏宗祠

◎谢氏宗祠厅堂

◎谢氏宗祠梁架上的木雕狮子

◎陈氏瞻依堂

陈氏瞻依堂

位于长泰县岩溪镇甘寨村巷口社，奉祀开漳圣王陈元光及甘寨村陈氏开基祖。始建于明代中期，清代至民国间几经修缮，现建筑基本保持明代风格。堂坐西北朝东南，中轴线上依次有前厅、天井、正堂及过水廊道等，通面阔15.5米，总进深36.9米；四周围墙，后建护坡，占地面积518.44平方米。正堂悬"瞻依堂"、"武魁"、"陆军中将"等牌匾。

甘寨村人陈林荣（1892~1972年），曾任国民党中央军事委员会参议兼战区军风纪第一巡察团副主任委员、建闽师管区司令，为国民党陆军中将，20世纪40年代去台湾，其子孙均居台。

（林春兴、郑阿忠/文 林雪铭/图）

◎陈氏瞻依堂侧面

◎陈氏瞻依堂祠厅

◎连氏宗祠

连氏宗祠

又称连氏瞻依堂，位于长泰县江都村寨内社，始建于明代，清代重修建。1990年、1993年又有修葺，现存建筑为清代风格。祠坐西北朝东南，石、砖、木结构，中轴线上依次为前厅、天井、正堂，占地面积326.6平方米。正堂供奉连氏祖先牌位，悬有"瞻依堂"、"武魁"、"文魁"、"祖德传芳"等牌匾。其中"祖德传芳"为台湾贤志基金会敬赠。

江都村连氏始祖襄德，于明正统十四年（1449年），从龙岩和睦里白泉社（今属漳平市）扶母入江都社崎岸定居。襄德传佛保、佛祖、时美三子。佛保七世孙兴位于清康熙年间迁居台湾台南，传衍至今。清咸丰十年（1860年）台湾双溪举人连日春曾回乡祭祖，并在门埕立有一副旗杆石，杆座浮雕龙形图案。1988~1997年，台南柳营小脚连姓台胞率团三次回江都村谒祖，向家乡捐资8000美元，作为维修宗祠及江都小学的奖教奖学基金。

（林春兴、郑阿忠/文　林雪铭/图）

◎连氏宗祠门前连日春所立的旗杆石夹板

◎连氏宗祠抱鼓石

◎台胞赠给连氏宗祠的"祖德传芳"匾

◎薛氏家庙

薛氏家庙

◎薛清财先生敬献给家庙的牌匾

◎1988年3月，薛清财先生回山重村寻根认祖

◎两岸薛氏宗亲在家庙内同祭

　　位于长泰县山重村。始建于明代，嘉靖间被倭寇烧毁，后由薛氏后裔重修，现存建筑为清代风格。该庙坐东朝西，由前厅、天井、正堂及过水廊道组成。石、砖、木结构，单檐悬山顶。2004年，公布为长泰县级文物保护单位。

　　长泰山重薛氏始于唐总章二年（669年）薛使（薛武惠）随陈政入闽平"蛮獠啸乱"，从漳州入长泰定居于山重。清顺治十一年（1654年），次房后裔孙薛玉进从山重社只身渡台谋生，今在台繁衍薛姓人口约4万人。1988年3月，薛玉进第十一代孙薛清财组团回山重薛氏家庙寻根，谒拜祖灵。1990年6月，茄苳乡薛氏宗祠文教基金会董事长薛坤雄率团37人到山重举行祭典活动。台胞为建茄苳公园、山重小学、薛氏家庙、自来水设施等家乡公益事业，先后两次捐资70多万元。

（林春兴、郑阿忠／文　林雪铭／图）

◎卢经忠谏府

◎卢经"忠谏"匾

卢经忠谏府

卢经（1571~1649年），青阳村人。明天启五年（1625年）进士，崇祯时任巡按河南监察御史，因忠谏获罪，遣戍回乡。清雍正元年（1723年）入祀县忠孝祠，御赐"忠谏"匾。

卢经忠谏府 又称卢氏家庙，位于长泰县枋洋镇青阳村，清代建。占地面积183平方米。府第坐西北朝东南，中轴线上依次由门厅、天井、正堂组成，石、砖、木结构，悬山顶。1994年，公布为长泰县级文物保护单位。

长泰县青阳卢氏开基祖秉崇，于明宣德元年（1426年）从漳平永福里霭平山迁到青阳，至第四代卢元福，于明成化年间分支台湾台南市，清康熙末年卢仕宽分支台湾台北市。现卢氏后裔主要分布于台北、桃园、彰化、苗栗一带，人口2万多。2005年10月5日，台北市卢氏宗亲会理事长卢忠义率团到卢经忠谏府寻根祭祖。2010年4月17日，台湾彰化县卢垂榕也组团回乡谒祖。

（林春兴、郑阿忠/文 林雪铭/图）

◎两岸卢氏宗亲在祖庙前合影

◎青阳宗亲代表向台北卢氏宗亲会介绍两岸卢氏源流

◎台北市卢氏宗亲会理事长卢忠义率团回祖地省亲，受到青阳卢氏宗亲的热烈欢迎

◎四堡马氏家庙

◎明万历二十一年碑

◎马氏家庙祖厅

◎卢月香特使和马屋宗亲代表在马氏家庙前合影

四堡马氏家庙

位于连城县四堡乡中南村，分上马氏家庙（上祠堂）和下马氏家庙（下祠堂）两座，为相邻建筑，分属中南村147号、145号。均坐北朝南，由门楼、天井、大厅、后厅组成，穿斗式木构架，硬山顶，其中上祠堂前有泮池，始建于清代，占地面积约180平方米。下祠堂占地面积约220平方米，始建于明代，1990年代重修，天井两侧存有二通明万历二十一年（1593年）的石碑。2001年，作为"四堡书坊建筑"的重要组成部分，公布为第五批全国重点文物保护单位。

四堡马氏在台湾后裔众多，不断有在台马氏后裔回乡访祖祭祀。台湾老兵马金生在20世纪90年代初曾回乡省亲祭祖，并捐资维修家庙。近年学者据两岸马氏族谱考证，证实马英九为扶风马氏入闽一世祖马发龙的后裔，其祖籍与连城县四堡乡马屋村马氏同为宗亲。2008年4月13日，台湾马英九先生特使卢月香及其家属和陪同人员一行曾到此省亲祭祖。

（马华军、杨芳/图文）

◎继述堂大门

培田继述堂

又名"大夫第",位于连城县宣和乡培田村,清道光九年至二十年(1829~1840年)建。是闽西地区"九厅十八井"住宅的典型。堂坐西朝东,宅祠合一,由围墙、宇坪、中央厅堂部分及两侧横屋组成。中轴线上依次为外雨坪、门楼、院坪、下厅、天井、中厅、天井、上厅。共有18厅24井,108个房间,占地面积6900平方米。系培田村保存最完整、规模最大的建筑,装饰华丽,雕刻精美,具有较高的文物价值。2006年,作为"培田村古建筑群"的重要组成部分,公布为第六批全国重点文物保护单位。

继述堂建造者吴昌同,同治甲子年间得到朝廷乐善好施的旌表,并被诰封为奉直大夫、昭武大夫。其后裔在台湾定居者共约70人,常有旅台族人回乡到继述堂省亲,20世纪70~80年代,旅台后裔曾捐资修复培田继述堂门楼和雨坪。

(马华军、张仙玉/图文)

◎继述堂首进厅堂

◎继述堂鹅卵石铺饰地面

◎攀龙林氏龙山堂

攀龙林氏龙山堂

位于漳浦县石榴镇攀龙村，明万历九年（1581年）建，现存为清代建筑，民国十八年（1929年）重修，2003年由台湾宗亲再次重修。堂坐西朝东，由门厅、天井庑廊、正堂等组成，土木结构，悬山顶。占地面积500平方米。

攀龙林氏后裔于清乾隆、嘉庆年间入台，开垦台中大甲、彰化、台北、宜兰，繁衍众多，为台北望族，其业绩载入《台湾通史》。目前在台湾有攀龙林氏裔孙2万多人，主要散居于台湾的台北、台中、彰化、苗栗等地。台湾政要林丰正亦出自此派下，近年来曾二次前来谒祖，并出资重修龙山堂。目前在台林氏后裔已有二十多批、2000多人次陆续回到攀龙村寻根谒祖。

（李荣亮/图文）

◎攀龙林氏龙山堂木构架

◎攀龙林氏龙山堂门墩

◎佛昙杨氏大祖

佛昙杨氏大祖

位于漳浦县佛昙镇岸头村，清康熙二十五年（1686年）始建，雍正十年（1732年）续建，乾隆五十九年（1794年）、嘉庆十一年（1806年）、道光八年（1828年）以及民国年间多次重修，1984年再次重修。祠堂坐南朝北，由门厅、天井庑廊、正堂组成，占地面积8000平方米。左庑廊中立有清嘉庆年间重修碑记三通。

佛昙杨氏与金门望族杨氏同为南宋国舅杨亮节后裔，两地宗亲往来不绝。清乾隆年间，又有佛昙杨忠义渡台，传裔台北；嘉庆年间杨懿惠渡台，传裔台中县；杨小川于嘉庆年间渡台，传裔桃园市。近年来，已有定居台湾的宗亲先后800多人次回乡寻根谒祖。

（杨贵妹／图文）

◎佛昙杨氏大祖抱鼓石

◎佛昙杨氏大祖碑刻

◎佛昙杨氏大祖庭院

◎张贞宅正立面

张贞宅 坐东南朝西北，民国建。主楼为西洋式的二层楼房，面阔三间，与另两座二层建筑形成同字形，环抱张氏家庙，占地面积3163.16平方米。

张贞（1884~1963年），字干之，诏安县东峤村人，保定陆军军官学校第二期炮兵科毕业，国民党陆军上将。1949年前携眷迁居台湾。在台期间，张贞任"军事战略顾问委员会"委员，曾当选为福建同乡会常务理事。

（沈春水／图文）

◎张贞（前右三）上将及夫人邵文英（前右四）等合影

◎张贞第四子张冠群（台湾警务处专员）

◎张氏家庙

◎张氏家庙正堂上将匾

张氏家庙及张贞宅

张氏家庙 位于诏安县四都镇东峤村,始建于民国。坐东南朝西北,由门楼、天井带两廊拜亭及正厅带两厢房组成,抬梁式木构架,悬山顶。占地面积305.47平方米。庙内保留有"张氏家庙"和"孝友家声"两方牌匾。

◎张氏家庙厅堂

◎张氏家庙庭院

◎张氏家庙门楼左侧雕饰

◎张氏家庙门楼右侧雕饰

◎四堡大厅厦门头房

◎四堡大厅厦供奉的神祖牌

四堡马屋大厅厦

位于连城县四堡乡四桥村，清代建，为四堡现有开间最大、层高最高的马姓祠堂，占地面积约510平方米。坐西北朝东南，面向溪流开门。门楼木结构，入即为宽敞的天井院，正厅面阔五间，进深五柱。抬梁式木构架，悬山顶。天井两边回廊，前廊为卷棚式。第二进天井院及后厅，主入口前有一小场院，残存有6根石龙旗杆。门楼全木结构，尺度宏大。2001年，作为"四堡书坊建筑"的重要组成部分，公布为第五批全国重点文物保护单位。

该建筑为赴台上校军人马川祖屋，马川曾在20世纪90年代初回乡省亲祭祖，并捐资维修。

（马华军、杨芳/图文）

◎四堡大厅厦祠厅

◎四堡大厅厦穿斗式木构架

芷溪宗祠建筑

连城县庙前镇芷溪村有宗祠建筑 74 座，多为"祠居合一"的复合型结构。建筑形式以"九厅十八井"为主，门楼的设计精美，内部装饰考究。2009 年，公布为福建省第七批省级文物保护单位。其中黄氏家庙、翠畴公祠、集鳣堂是重要涉台文物。

黄氏家庙　位于芷溪村茶山口寨上山麓，是芷溪黄氏裔孙为纪念开基始祖庚福公而建造的祖祠，又叫庚福公祠，因规模宏大，乡人也称大祠堂。始建于清顺治十三年（1656 年），落成于康熙三十一年（1692 年）。坐东朝西，主建筑为前后两厅、中天井，占地面积 3021.5 平方米。建筑有内外二个门楼，外门楼为八字砖雕门楼，内门楼为四柱三开间的木牌楼。门楼砖雕墨额、斗栱层叠，厅堂雕梁画栋、名人题匾，装饰繁复。

芷溪黄氏家庙是台胞黄际蛟的祖祠。黄际蛟（1906~1988 年），1949 年前曾任国民政府连城县参议长、福清县县长。1949 年去台湾，在台湾政界有一定影响，台湾地区领导人李登辉曾为其题匾。现在台湾和大陆皆有其后裔。

◎黄氏家庙门楼

◎黄氏家庙门前蹲狮

◎黄氏家庙外门楼

◎黄氏家庙匾额

◎黄氏家庙厅堂板壁彩绘

◎黄氏家庙匾额

翠畴公祠 又称明馨堂，位于芷溪村，为芷溪黄姓第三房十七世裔孙翠畴公祠堂，始建于光绪十八年（1892年），于光绪二十五年（1899）竣工。祠坐北朝南，平面呈正方形，类似客家"围屋"，占地面积约900平方米。整座祠堂共有天井七口，方塘两口，月池一口，寓意"七星拱月"、"二泉映月"。该祠装饰之华丽、工艺之精致，在整个闽西客家地区民居建筑中极为罕见。

芷溪翠畴公祠是台胞黄永滋的祖祠。黄永滋（1906~1993年），曾先后任国民党上杭县党部书记、建宁县县长，晚年在台湾曾发表《忆我的家乡》一文。其子曾在20世纪90年代中叶回芷溪祭祖。

◎翠畴公祠外门楼

◎翠畴公祠外门楼门额雕饰

◎翠畴公祠门楼

血缘文物

集鳣堂 又名渔溪公屋，位于庙前镇芷红村坑桥东边松树坝路，乃芷溪杨氏第十七世裔孙渔溪公创建于康熙六十一年（1722年），后由其子翕云、润田、腾风续建，历时10余年。堂坐东朝西，采用客家典型的"九厅十八井"的建筑格局，建有两个门楼、雨坪、月池、两口水井、内外文武学堂、后花园和大小房屋101间，占地面积13000余平方米。建筑内部梁架用料硕大、简饰得当，规模宏伟。大门朝南，建筑有两个门楼，外门楼为八字形石构，内门楼砖构，表面雕饰墨额。

集鳣堂是台胞杨慎三的祖祠。杨慎三在台湾和芷溪皆有后裔，晚年回芷溪定居。曾在集鳣堂多次祭祖，设立奖学金，鼓励本族学子发奋学习。20世纪90年代在芷溪病逝，其在台湾的儿子时有回芷溪祭祖。　　（马华军、黄丽珍／图文）

◎集鳣堂内门楼

◎集鳣堂内门楼仰视

◎集鳣堂大厅

◎集鳣堂祠厅神龛

◎集鳣堂柱础

上杭丘氏总祠

又名丘三五郎公祠，位于上杭县临江镇解放路，清嘉庆二十年（1815年）始建。祠坐北朝南，由上中下三厅三天井组成，穿斗抬梁式木构架，硬山顶；后台及左右俱起二层砖木结构围楼，配房54间，占地面积2550平方米。

丘氏总祠为宋中叶入闽始祖之一丘三五郎一支的总祠。其裔孙远播海内外，主要分布在闽、粤、赣、台、浙、湘、桂、滇及东南亚、南非、日、美等地。明、清时期三五郎裔孙从粤东、闽南播迁台湾的有数百支，至今已繁衍有40万之众，主要分布在台北市、台北县、桃园县、苗栗县、彰化县、高雄市等十余个县市，且有不少名人学者，如近代史上著名的保台爱国志士、教育家、诗人丘逢甲，1905年在台创办"师范传习所"。台湾"行政院"原院长丘创焕、数学家丘成桐、数学家丘秀芷等也源出此脉。

（胡志贤／图文）

◎丘氏总祠全景

◎丘氏总祠内景

◎丘氏总祠上厅

◎丘氏总祠石门

福建涉台文物大观

血缘文物

◎李氏大宗祠近景

李氏大宗祠

又名惇叙堂，位于上杭县稔田镇官田村，为李姓入闽一世祖李火德祖祠，清道光十六年至十九年（1836~1939年）建，宣统元年（1909年）、1984年大修。祠坐北朝南，砖木结构，自南而北依次为水池、雨坪、前厅、中厅、后厅、围屋，占地面积5600平方米。主座为穿斗抬梁木构架，悬山顶。左右侧各有两侧厢房，正大门为三间四柱五楼式石牌坊。1996年，公布为福建省第四批省级文物保护单位。

李火德后裔分布在祖国大陆十几个省份百多个县（市、区）和台港澳地区，以及东南亚、英、美等13个国家。李氏大宗祠是台湾李氏同胞心中的祖地，从1990年开始至今，每年都有十几个团队数百位的台湾李氏裔孙回上杭祖地寻根谒祖，如台湾李氏宗亲会理事、曾任桃园市市长的李哲源先生，国际著名古建筑师李重耀先生和台湾延升建设集团公司董事长李延耀先生等，多次带队到李氏大宗祠祭祖。

(胡志贤／图文)

◎李氏大宗祠门楼

◎李氏大宗祠匾额

◎蓝氏家庙柱础

◎蓝氏家庙门楼

蓝氏家庙

位于上杭县庐丰畲族乡青头坪村，明代中期建，现为清代建筑，占地面积2968平方米。家庙坐东南朝西北，外大门坐南朝北，土木结构，穿斗抬梁式木构架，悬山顶。主座为上下两厅一天井，两侧建有横屋共开十二间。上厅立神龛，供奉"蓝氏始祖考念七郎公之一脉之神位牌"。主座石构碑楼式门楼为四柱三间五楼，上置"恩荣"竖匾，梁枋上浮雕花鸟、麒麟。额嵌"蓝氏家庙"石雕横匾，门前有雨坪、围墙。蓝氏后裔有众多在台湾繁衍生息，屡回家庙祭祖。2002年，公布为上杭县第五批县级文物保护单位。

（李翠英/文 胡志贤/图）

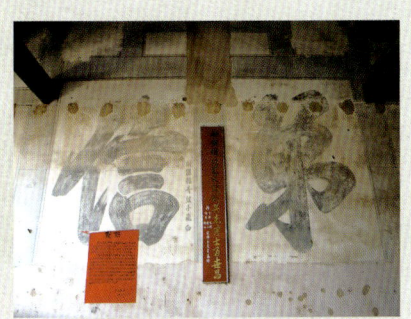

◎蓝氏家庙壁书大字"信第"

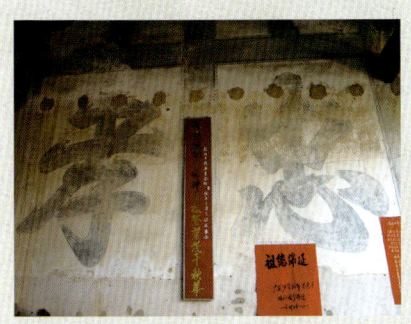

◎蓝氏家庙壁书大字"忠孝"

◎蓝氏家庙厅堂

◎赖坊赖氏宗祠

赖坊赖氏宗祠

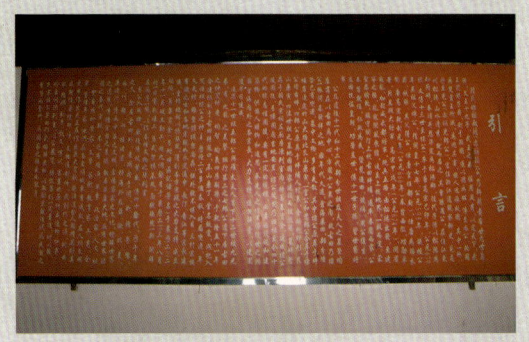

◎赖坊赖氏宗祠渊源碑

◎赖坊赖氏宗祠厅堂

又称致爱堂，位于上杭县古田镇赖坊村，清乾隆二十五年（1761年）建，是赖氏入闽始祖赖标之总祠。祠坐南朝北，由正门、下厅、天井、上厅及两侧护厝组成，占地面积1015平方米。正厅砖木构造，穿斗抬梁式木构架，硬山顶，供奉标公蓝氏牌位及其十代世袭将军牌位。

赖标（？~679年），直殿大将军，驻上杭坪埔，镇守闽汀，世袭爵禄，加封威武都将军，传世袭将军爵有十一代，为赖氏入闽始祖一脉。赖标后裔辗转播迁海内外甚众，在台族亲及其本宗政要人士，每当回乡谒祖探源，无不虔诚膜拜，追念先祖之丰功伟绩。赖氏宗祠理事会中现有多名理事、顾问为台湾人士，如赖诚吉（台中市议员）、赖淑娟（台湾赖罗付宗亲总会副理事长、高雄市旅游协会副会长）等。

（胡志贤/图文）

◎适中和成楼后墙局部

◎适中和成楼

适中和成楼

位于龙岩市新罗区适中镇保泰村，是建于清康熙年间的谢姓民居。楼坐东朝西，生土夯筑，三层，方形围合，占地面积1000平方米。该楼系谢氏十四代裔孙谢廷森故居。谢廷森（1919~1994年），1941年8月起，历任国民政府龙岩县小池乡长、适中镇长等职。1949年赴台湾后，先后任国民党金门县党部主任、澎湖县党部主任、台湾省党部第四组总干事、中华文化复兴委员会台湾省分会助理执行秘书等职，育有三子一女。

（张兆声／图文）

◎适中和成楼庭院门楼

◎适中得月楼大门

◎适中得月楼全景

◎适中得月楼内庭院

◎适中得月楼局部内景

适中得月楼

位于龙岩市新罗区适中镇中溪村，是建于清乾隆年间的林姓民居。楼生土夯筑三层，方形围合，占地面积1115平方米。该楼居民经营烟丝生意曾远达郑州、南昌、武汉、台北和高雄、台南等地。其十七世祖茂卿公于清道光九年（1829年）赴台开发、创业，部分后裔定居在台湾。1941年，国民党海军上将萨镇冰到适中巡视时，曾住此楼，为《长林族谱》题写序言。改革开放后，该楼的台湾乡亲多次返乡谒祖寻根。《长林族谱》是联系台湾林氏宗亲的纽带，曾多次被选送赴台展览。

（张兆声／图文）

◎万安温氏家庙

万安温氏家庙

位于福建省龙岩市新罗区万安镇竹贯村。元至正年间（1341~1368年）始建，明隆庆二年（1568年）至万历三十年（1602年）间重修、扩建。家庙坐西朝东，由灰坪、台阶、大门、前厅、天井、后厅、后龙等组成，占地面积1200平方米。2009年，公布为福建省第七批省级文物保护单位。

温姓后裔温兆凤，乳名文源，生卒年月不祥，清嘉庆年间（1796~1820年）以荐辟官至澎湖副将，钦赐花翎授国将军，授澎湖协镇都督府信官，晚年定居厦门。他曾为台湾的稳定、两岸间的贸易交流等做出重要贡献。

（张兆声/图文）

◎温氏家庙前的温兆凤功名旗杆

◎万安温氏家庙大厅

◎万安温氏家庙厅堂

新邱厝

位于龙岩市新罗区和平路，原为明代刑部左侍郎王命璿府第，清光绪年间重修，是一座三厅二厢房土木结构建筑，占地面积1747平方米，是龙岩典型民居。1929年6月19日，红四军攻克龙岩城后，于此驻设红四军前敌委员会，毛泽东和夫人贺子珍住在右厢房。1991年，作为"中共红四军前敌委员会旧址"，公布为福建省第三批省级文物保护单位。

新邱厝户主之一邱锡英及其宗亲旅居台湾花莲、台北等地。20世纪80年代初至90年代末，邱锡英任龙岩旅花莲同乡会会长，多次返乡，促进了花莲、台北龙岩乡亲与家乡的商贸往来与交流。（张兆声／图文）

◎新邱厝

◎新邱厝大门

◎新邱厝内邱锡英旧居

长汀客家宗祠建筑

位于长汀县汀州镇，由新新巷家祠群、林氏家庙、赖氏坦园公祠、刘氏家庙等组成。2009年，公布为福建省第七批省级文物保护单位。

新新巷家祠群由曾宅、郑氏家庙、罗氏宗祠、傅氏家庙、赖氏宗祠等五座家祠家庙组成，横跨汀州镇新新巷及中心巷。五栋家祠均坐北朝南，为清代砖木结构府第式建筑，占地面积3000余平方米。如此集中、成片的家祠群，构成了独具传统特色的客家宗祠文化街区，为世少有。其宗亲在台人员有郑国珍、郑健、郑冰如、傅百屏、罗列、曾绍模、赖世章等众多后裔。

◎曾宅大门

◎曾宅木雕装饰

◎郑氏家庙大门

◎郑氏家庙内大厅郑成功像

白泉龙安堂

位于漳平市新桥镇白泉村，为连氏宗祠，建于元至正年间（1350~1360年），现为清代建筑。堂坐西南朝东北，土木结构，中轴线上依次由池塘、外坪、门楼、天井、正厅组成，占地面积220平方米。

元至正年间，开基祖连正臣徙居和睦里碧泉楼后坪（今漳平市新桥镇白泉村）。明正统十三年（1448年）连襄德扶母由白泉徙居武安，次年（1449年）入长泰江都。明嘉靖年间，第七代连佛保从长泰江都村徙居龙海步文镇马崎村（崎岸）长洲。明崇祯元年（1628年）连兴位从龙海马崎徙居台湾台南凌南坊马兵营，为迁台始祖。其七世孙连横是清末民国初《台湾通史》的撰修者，八世孙连震东是原台湾内政部长，九世孙连战是中国国民党荣誉主席。台湾连氏家族与漳平有着深厚的宗亲情结，有着血浓于水的血缘关系。（黄秀燕/图文）

◎龙安堂

◎龙安堂正厅

◎龙安堂石柱础

◎龙安堂木构架

◎宏英堂

李庄宏英堂

位于漳平市永福镇李庄村,为永福李氏开基祖祠,始建于明正统年间(1436~1449年),1994年重修。堂坐东朝西,土木结构,中轴线上依次由照壁、外坪、门楼、天井、前厅(宏英堂,供开基祖)、内坪、后厅(种德堂,供七世祖)组成,占地面积570平方米。

李氏入闽始祖李火德的三子李云峰(1273~1368年)于元至治三年(1323年)到漳平市永福镇李庄村开基,第十三代李龙在郑成功收复台湾时任水师参将,随郑成功率部奋战,为收复台湾做出贡献。二十二代孙李仰苏移居台湾,第二十三代李志仁是台湾著名企业家、艺术家、建德国际艺术集团及台湾胜大庄文化企业集团总裁。

(黄秀燕/图文)

◎宏英堂大门

◎宏英堂庭院

中川胡氏家庙

位于永定县下洋镇中川村，明万历十二年（1584年）胡氏铁缘公始建。清嘉庆年间、民国十八年两度局部被焚，后均按原貌修复，占地面积4847平方米。家庙坐西朝东，中轴线依次为外天井、前厅、内天井、后厅（正厅）组成，共用200根木柱，穿斗式木构架，歇山顶。祠内现存20幅大型壁画，大多出自著名画家宋省予（上杭县人）等人之手。门坪立有10支石雕旌杆，高达10余米。2009年，公布为福建省第七批省级文物保护单位。

中川村胡焯猷于雍正十一年（1733年）到台湾淡水新庄定居，是永定县最早渡台之人。《胡氏族谱》（1924年）记载，第十七代至二十五代渡台定居人数就有209人。到20世纪三四十年代，胡氏迁台人数又大大超过此前，从而使胡姓人数在台湾百家姓氏中居第三十四位。

（黄丰林／图文）

◎胡氏家庙局部

◎胡氏家庙前厅

◎胡氏家庙雕饰

◎胡氏家庙石旌杆

◎胡氏家庙厅堂

◎罗氏家祠大门

◎傅氏家庙大门

◎傅氏家庙大厅

刘氏家庙 位于汀州镇东大街劳动巷，始建于明代。家庙坐北朝南，由门楼、照壁、前厅、正厅、两边横屋组成，占地面积800余平方米，基本保持了明清时期建筑风格特点。1933年9月，中共兆征县委、县苏维埃政府设于此。

刘氏家庙为汀属八县刘氏族人的宗祠，内存有辅佐郑成功收复台湾的大将军、被康熙皇帝"诰封太子少保"的刘国轩等名人牌匾四块。刘氏后裔刘兆玄是台湾政坛要人。

◎刘氏家庙

◎刘氏家庙门楼

赖氏坦园祠 位于汀州镇南大街，始建于明代，现为清代建筑。祠坐北朝南，由门楼、照壁、前厅、两廊、正厅、侧房等建筑组成，占地面积700多平方米。平面布局保留着明代特征，建筑规格高，布局严谨。赖氏坦园的后人赖应辉、赖汀生、赖芩生等台胞与家乡联系密切。

◎赖氏坦园祠大门

◎赖氏坦园祠西墙翘角

◎赖氏坦园祠神龛雕饰

◎赖氏坦园祠梁架

◎林氏家庙

◎林氏家庙门前石狮

◎林氏家庙大门

林氏家庙　位于汀州镇五通街。清代建筑，坐西北朝东南，砖木结构，由雨坪、正门、前后厅、厢房、两边横屋等组成，占地面积1200余平方米，为汀州八县林氏谒祖敬宗之场所，对研究汀州八县林氏的家族史、客家史、经济史有一定的意义。在台林氏后裔林丰炳、林鸣纲、林庆生、林源中、林瑛等经常回汀祭祖。

（卢品文／文　赖建／图）

◎林氏家庙厅堂

紫云公祠

位于长汀县汀州镇南大街5号，建于清代。祠坐北朝南，府第式砖木结构，由边门、照壁、门楼、天井、正堂、后厅、后堂及绣花楼等组成，占地面积约600平方米。边门坐东朝西，主体建筑坐北朝南。正堂面阔三间，进深7柱，带卷棚式前步廊，穿斗式木构架，硬山顶。大门内有木构直棂栅门，门橡画有人物彩绘，匾额书"紫云公祠"，门楣上雕饰双狮戏球。系吴氏在台宗亲回乡谒祖的重要场所。1990年，公布为长汀县级文物保护单位。

（卢品文/文 赖建/图）

◎紫云公祠

◎紫云公祠祠厅

◎紫云公祠梁架

◎紫云公祠绣花楼

◎上官周旧居

上官周旧居

上官周（1665~1750年）原名世显，字文佐，号竹庄，长汀南山官坊人。清康熙十七年至四十年间在此读史、绘画、写诗、刻印，所绘《晚笑堂画传》、《康熙南巡图》、《罗浮山图》，是18世纪闻名中外的画作、稀世珍品。

上官周的旧居位于汀州镇东门街劳动巷，又名"冀纶堂"，也是上官氏宗祠。建于清初，土木结构，由门楼、上下厅、左右厢房及左横屋等组成，占地面积500平方米。

上官氏后裔在台人员有原国民党台湾内政司长上官以为、原台湾农业厅专员上官骐初、原台湾航空科学馆馆长上官强武等。上官周故居暨上官氏宗祠，成为上官氏在台宗亲返乡寻根谒祖的重要场所。

（卢品文／文　赖建／图）

◎上官周旧居大厅

◎上官周旧居梁架

将乐杨时墓

位于将乐县水南镇乌石山麓的杨时陵园内，墓为莲叶盖龟形，坐南朝北。1985年，公布为福建省第二批省级文物保护单位。

杨时，字行可，号龟山，将乐人，宋代著名理学家，历任龙图阁直学士、国子监祭酒、工部侍郎等职。他倡道东南，学术思想影响深远，衍播台湾等地，被尊为"程氏正宗"、"闽学鼻祖"。杨时后裔有部分移居台湾的台北、彰化、台中、嘉义、澄迈等地。每年春秋两季，常有省内外及台湾等地的杨时后裔前来祭墓。由福建师大林海权教授点校的《杨时集》，在台湾全球董杨宗亲总会第五届理事长杨清钦先生资助下正式出版。

(郜华/图文)

◎杨时墓

◎杨时墓墓亭

◎杨时墓墓碑

◎杨时墓前台阶

◎范氏宗祠

范氏宗祠

位于福建省三明市宁化县治平乡彭坊村，清代建。祠坐东南朝西北，由前埕、大门、下厅、天井、正厅及左右厢房等组成，平面呈长方形，通面阔17.37米，通进深24.51米。大门为重檐歇山顶八字门牌楼式，主体建筑为抬梁穿斗式木构架，悬山顶。

台湾范氏自宁化传播。范氏六十一代坤（俊祥），于唐僖宗元年（874年）避乱，举家十八口初迁钱塘江、后经南剑州再徙宁化黄竹径入闽，称开基一世祖。坤生四子（春、夏、秋、冬），秋生子二——荣重、荣士。荣重字六郎，生四子，长子仲淹之子如节生子五，后裔派分闽西、广东、江西，续衍台湾。

（陈端/图文）

◎范氏宗祠神龛

◎范氏宗祠厅堂

◎黄氏家庙

罗源黄氏家庙

位于建宁县黄埠乡罗源村刘家坪,始建于明代,现存为清代建筑。家庙坐东北朝西南,由门楼、围墙、月湾形水塘、家庙四部分组成,通面阔16.6米,通进深27.1米,占地面积为1000平方米。门楼是典型的砖构牌坊式,雕砖本色乌黑,饰纹彩绘斑斓,浮雕皆为龙凤呈祥、鹤寿延年等精美图案。

根据族谱记载,台湾"花棚黄氏"由此地迁出,黄氏家庙是"花棚黄氏"后裔祭祖的活动场所。1980年后台湾黄氏后裔黄文炳、黄登辉携家眷先后三次回罗源探亲祭祖,并捐资修缮宗祠。

(曹建新/图文)

◎黄氏家庙门楼

◎黄氏家庙厅堂

◎杨氏家庙

上坪杨氏家庙

位于建宁县上坪村水口，清乾隆四十二年（1777年）建，坐东朝西，中轴线上依次为大门、上厅、天井、中厅、后厅等，占地面积1000余平方米。正厅面阔五间，抬梁穿斗式木构架，悬山顶。神龛供奉杨氏一房、二房、三房、四房神主牌位。2008年，公布为建宁县级文物保护单位。

上坪全村"杨"姓系杨家将后裔，分为四房。清代二房迁居福州，后又有部分迁居台湾省台东县。杨氏后裔杨日华，1947年8月到台湾，曾在台湾军中任职至退休。杨日华老人曾三次回乡探亲和祭祖，先后出资10万元修缮祖墓、宗祠和公德桥（名望龙桥）。

（曹建新／图文）

◎杨氏家庙厅堂

◎杨氏家庙匾额

光明余氏宗祠

位于将乐县光明乡光明村。据《余氏族谱》记载，该祠始建于元明时期，屡有维修，现存建筑保留清后期风格。祠坐西南朝东北，平面略呈梯形，占地面积192.5平方米。主座抬梁式木构架，前廊卷棚；明间内侧设神龛，内檐使用大额枋；尽间的外侧不用立柱，梁架直接立于山墙之上。附属文物有左侧的余氏祖墓。2009年，公布为福建省第七批省级文物保护单位。

余氏后裔余彩胜，1947年8月到台湾，曾在台湾军中任职至退休，其大儿子余惠伦曾在台湾行政院任职。余彩胜老人曾五次携家眷子女回乡探亲和祭祖，并出资修缮宗祠和祖墓。（部骅/文 赵世峰/图）

◎余氏宗祠厅堂

◎余氏宗祠厅堂前廊梁架

◎余氏宗祠仪门

◎余氏宗祠厅堂神龛

◎余氏宗祠厅堂梁架

◎汤氏祖厝

温坊汤氏祖厝与墈厚土堡

温坊汤氏祖厝 位于将乐县南口乡温坊村,始建于清康熙末年,自建成之后从未大修,仍然保持着清康熙年间建筑风格。

祖厝坐东南朝西北,平面呈横向长方形,为前后二堂加左右护厝的格局,面阔39.1米、进深26.6米,占地面积992.18平方米。门楼为砖构二柱一间三楼式牌楼,下堂穿斗式木构架,悬山顶,前后檐廊,前挑檐檩、檐柱额枋、金柱及脊檩的下皮均有彩绘;在明间前檐与厅堂插屏柱相对应的位置,加立有两根檐柱,均是明代建筑风格的特征遗留。

◎汤氏祖厝大门

◎汤氏祖厝厅堂梁架

◎公馆峡民居

公馆峡民居 位于尤溪县新阳镇双鲤村公馆峡，是卢兴邦的故居。土、木、砖、石混合结构的堡式建筑，坐北朝南，平面呈横向长方形。中轴线上依次建有前石坪、主辅门、门楼、内空坪、下厅堂、厢房、上厅堂、护厝、围墙、哨楼、抉楼等，通面阔80米，通进深42米，占地面积3200平方米。主体建筑为抬梁穿斗混合式木构架，悬山顶。该建筑规模宏大、布局巧妙合理、功能俱全，楼多、空间大，是尤溪近现代建筑中的精品。2009年，公布为福建省第七批省级文物保护单位。

(梁文斌、杨忠盛、张文仁/文 梁文斌/图)

◎下厅堂厢房

◎上厅堂

◎屋面轮廓局部

◎下厅堂

◎石柱础

◎蔡氏民居大门

桂峰蔡氏民居

位于尤溪县洋中镇桂峰村，始建于清顺治十三年（1656年）。坐东朝西，不对称布局，中轴线上依次建有山门、天井、正厅堂、厢房、楼坪厅、书斋、围墙、护厝等，占地面积1200平方米。主体建筑为穿斗式木构架，悬山顶，天井地面全部用辉绿岩石铺砌，大厅"三合土"地面饰几何图案等。建筑木雕较简洁，挡雨墙做法精致，大门围墙等处保留有较多壁画。2009年，公布为福建省第七批省级文物保护单位。

该民居系台胞蔡龙豪的旧居，蔡龙豪于1949年前往台湾，曾任台湾海军舰长、守备区指挥官、两栖部队海滩总队长等要职，1995年创办"蔡龙豪奖学金"，资助当地教育、基础建设等公益事业。

（梁文斌、张文仁/文 梁文斌/图）

◎蔡氏民居

◎蔡氏民居书斋

◎蔡氏民居木构梁架

◎陈氏大宗祠下堂

陈氏大宗祠

又名"追远堂",位于永安市贡川镇集凤村,始建于明万历三十三年(1606年),清代康熙、光绪年间均有重修建。祠坐西朝东,由下厅堂、天井、正厅堂等组成,南、北两侧用青砖砌成封火山墙,占地面积4059平方米。正厅堂抬梁穿斗式木构架,硬山顶,设三开间神龛,供奉陈氏入闽始祖陈雍和宋代陈瓘、陈渊等人。

2000年,公布为永安市第二批市级文物保护单位。2007年台湾彰化、南投陈氏组团参加贡川陈氏大宗祠祭祖活动。2010年5月贡川陈氏族谱参加了台湾的闽台姓氏族谱展。

(赵连英/文 张承忠/图)

◎陈氏大宗祠全景

◎陈氏大宗祠正厅堂木构梁架

◎陈氏大宗祠神龛

◎陈氏大宗祠前廊梁架

双峰李氏宗祠

堂号"教忠堂",位于永安市贡川镇双峰村,始建于清代。祠坐西朝东,由门楼、围墙、埕、正厅堂组成,占地面积365平方米。门楼坐西北朝东南,三楼四柱。正堂抬梁式木构架,悬山顶,梁枋、雀替等部位雕有精美图案。2005年公布为永安市文物保护管理所挂牌保护点。

该村始祖李其洪,从槐南皇历到上坪,再到贡川双峰上村,至今已传三十代。永安、台湾李氏族谱互有记载。近年来,时有台湾李氏后裔前来寻根祭祖。

(张承忠/图文)

◎贡川双峰上村李氏宗祠

◎贡川双峰上村李氏宗祠神龛

◎贡川双峰上村李氏宗祠厅堂前廊

◎贡川双峰上村李氏宗祠厅堂梁架

◎贡川双峰上村李氏宗祠厅堂

李延平祠

位于延平区夏道镇徐福路，始建于宋代，为纪念"闽学四贤"之一李侗（1093~1163）的专祠。明、清年间均有重修。祠四进三厅堂，抬梁穿斗式木构架，重檐歇山顶。中轴线上依次有门楼、天井、厢廊、主堂。占地面积420平方米。大厅上方雕梁画栋，内有康熙皇帝亲笔御书"静中气象"匾额。2000年，列入延平区文物保护单位。

该祠与台湾李氏有密切关系，每年均有开展文化交流活动。2010年4月底，南平李侗文化研究会随福建省姓氏源流研究会李氏委员会赴台开展文化、宗亲交流联谊。同年6月，台湾台北、高雄、台中、台南、南投、桃园、金门等地李氏宗亲前来延平参谒李侗祠、李侗墓。

（李国柱／文 郭翔／图）

◎李延平祠外景

◎李延平祠内景

◎李延平祠大殿

◎李延平祠前廊木雕

崇仁裘氏民居（附裘氏家祠）

位于光泽县崇仁乡崇仁村，明末清初建，坐西朝东，占地面积1512平方米。大门八字牌楼式门面，主体建筑面阔、进深各五开间，梁枋、斗拱、雀替、花窗等木构件雕饰题材丰富、精致。前后厅堂间使用"假顶"，过厅顶部做藻井，雕饰"五福捧寿"图案。

附属建筑裘氏家祠，建于清雍正十一年（1733年）。坐西朝东，占地面积340平方米。砖石构，四柱三间，八字形牌坊式门楼，额枋中镌"裘氏家祠"，砖雕精美。主体建筑为面阔、进深各三开间，厢房窗棂、梁枋、神龛等木雕精致，后墙有题材丰富的壁画。

两座建筑雕刻精美丰富，艺术价值较高，文化内涵深刻，地方特色浓厚。2009年，公布为福建省第七批省级文物保护单位。

该家族裘朝永（字慎思），曾任国民党浙江省高等法院检察官、推事，行宪国民大会代表，司法行政部司长，最高法院检察署检察官，福建、四川高等法院检察官、推事。1949年去台湾，续任"国大代表"、司法行政部司长。1973年去世。其子女均在台湾，现已与家乡和族亲建立密切联系。

◎裘氏家祠门楼

◎裘氏民居枋下雀替

◎裘氏家祠厅堂

◎毛氏宗祠山墙

毛湛毛氏宗祠

位于光泽县司前乡毛家村，建于清嘉庆间。祠坐北朝南，由门楼、戏台、大殿、中殿、后殿及附属建筑厨房、库房等组成，占地面积720平方米。大殿明间有两根硕大金柱，各柱均有木栓，石础与木栓均有精美雕饰。梁枋、雀替、门棂、窗棂等木构件雕饰精美。戏台屋面建筑别具特色。2009年，公布为福建省第七批省级文物保护单位。

毛氏家族有部分后裔迁居台湾，近年陆续有在台后裔前来寻亲认祖。

◎毛氏宗祠厅堂

◎毛氏宗祠戏台

镇江府（附龚氏宗祠）

位于光泽县寨里镇新丰村。清嘉庆间，该村举人龚懋的三个儿子文焕、文炳、文辉均联登甲第，嘉庆皇帝敕建石牌坊"三凤齐鸣"。龚氏家族于清嘉庆十二年建龚氏宗祠。道光十七年（1807年）前后，龚文焕在家乡修建了一座占地15亩的豪宅，主院落为"太史第"，因其时任镇江府知府，故俗称"镇江府"。现存主体建筑"太史第"。

"太史第"坐北朝南偏东，由庭院、正门、外厅堂、正厅堂、上厅堂及围墙与部分残存的附属建筑等组成，内悬诸多匾额，占地面积1690平方米。

"龚氏宗祠"位于新丰村东南隅，坐北朝南偏东，由庭院、戏台、廊楼、大殿、后殿神龛等组成，封火墙围合为四合院式。2009年，公布为福建省第七批省级文物保护单位。

现龚氏家族后裔部分分布于江苏镇江和台湾。1949年前后又有族中青年被抓丁到台湾，现已与家乡建立联系，并有台湾族亲回来寻根。

◎镇江府前埕

◎镇江府厅堂

◎镇江府穿斗式木构梁架

◎龚氏宗祠

◎龚氏宗祠厅堂

◎李纲祠堂庭院

◎李纲祠堂石碑

◎李纲祠堂

◎李纲祠堂正殿

李纲祠堂

位于邵武市通泰街道李纲路，原称"丞相太师忠定李公祠"。南宋淳熙十三年（1186年）始建，后几经迁建，清康熙二十二年（1683年）重建于现址，几经重修，1984年，辟为"李纲纪念馆"。祠坐北朝南，由东、中、西三院组成，中院中轴线上依次为门楼、大殿、廊房；东院东偏殿依正殿东山墙而建，西院原建筑已全部毁坏，占地面积900平方米。1991年，公布为福建省第三批省级文物保护单位。

1949年李氏后裔迁台定居，其中：李立功，原蒋经国卫侍组副组长；李彧，1948年国民党立法委员，其后代现仍在台湾等地生活，至今尚有书信往还、回乡祭祖、到李纲纪念馆参观等。

（黄苏珍、黄淑荣／图文）

和平黄峭墓、祠及其后裔捐建的公共建筑

黄峭（871~953年），讳岳，又名峭山，字仁静，号青冈，官至后唐工部侍郎，是邵武等地黄姓的开基始祖。黄峭后裔支派发达，衍播四海，现今台湾120多万黄姓人口中，黄峭后裔占三分之二，达80余万人口，其中以桃园、新竹、台北、台中、花莲、彰化、宜兰、苗栗等县市最为集中。每年都有大批黄峭后裔回邵武市和平镇寻根访祖，祭拜祖先。

黄峭墓 位于和平镇坎头村黄家林山。墓依山而建，墓围山环水抱，地理形势极佳。墓丘前带墓埕，护围成圆形，墓丘居中呈半圆柱状隆起，外围石壁，底面平铺放射状块石，占地面积13.66平方米。墓丘之后，居中立清乾隆四十四年（1783年）重修墓碑。2009年，公布为福建省第七批省级文物保护单位。

◎黄峭墓墓碑

◎黄峭墓

◎黄氏峭公祠

◎黄氏峭公祠前檐廊

黄氏峭公祠 位于和平镇坎头村，建于清代。坐东北朝西南，建筑本体为单进合院式建筑，砖木结构。中轴线上依次建有门楼、门厅、天井、主座。四周围以封火山墙，抬梁穿斗式木构架。门楼为三楼单门随墙式，门楣上嵌有石匾一方，楷书阳刻"黄氏峭公祠"五个字。1997年，公布为邵武市级文物保护单位。

◎黄氏峭公祠门厅

◎黄氏峭公祠边廊

◎黄氏峭公祠厅堂

和平书院 位于和平镇西侧，坐西朝东，由前坪及前坪右侧的砖筑门楼、前檐墙、前天井及三面环廊、主座、后院等部分组成，占地面积约412平方米。相传为五代后唐工部侍郎黄峭晚年弃官归隐后，为"诱进后人"而创建。现存建筑为清咸丰年间重修，前坪右侧门楼则为民国时期改建。1997年，公布为邵武市级文物保护单位。

◎和平书院门楼

◎和平书院门厅

◎和平书院木构梁架

惠安祠 位于和平镇坎头村。创建于北宋熙宁间（1068~1077年），几经兴废，现存为清代建筑。祠坐西朝东，二进合院式，中轴线上依次建有随墙门楼、戏台、天井（看台）、正厅堂、过雨亭、后厅堂，四周围以封火山墙。2002年，公布为邵武市级文物保护单位。

惠安祠原为唐镇将上官洎及其子上官兰之享祠，洎号惠安，故名"惠安祠"，后加入"福善王"欧阳佑一并供奉。福善王欧阳佑是邵武千余年来的主要民间信仰神祇之一。每年农历八月初五欧阳佑的诞辰，祠内都举行大型的"摆果子"活动，把此前一年中的春笋、冬笋、杨梅、桃、李、梨、柑桔、枇杷等四季鲜果达300余种摆出来祭神，号称和平"三绝"之一。

◎惠安祠大门

◎惠安祠内戏台

◎惠安祠厅堂

聚奎塔 亦称奎光塔，位于邵武市和平镇东南狮形山（又称天符山）顶。明万历四十四年（1616年）由黄峭后裔黄六臣及其子黄穆生首倡，并出巨资兴建，历时二十余年，于崇祯间告竣，并由时任邵武知县的袁崇焕题写塔额"聚奎塔"。塔身砖构，六角五层，底层每边边长3.79米，通高27.81米（至塔刹顶部）。塔身每层均设神龛，内置砖雕神像；每层有券门，通往塔外挑檐平座；上下五个塔门的题额各不相同，塔门之外的其余五面设小型壁龛，龛内亦置有砖质浮雕佛像，龛顶则砖雕花卉图案等。2009年，公布为福建省第七批省级文物保护单位。

◎第四层佛龛内砖雕佛像

◎"聚奎塔"题额

◎聚奎塔

◎和平东门谯楼

◎禁碑石

和平东门谯楼 位于邵武市和平镇东侧，明万历十六年（1588年）始在和平兴建城堡，辟东西南北四个大门及小东门、小北门、小西门，共七个城门；清乾隆三十二年（1767年）设和平分县后，重筑城墙，仅辟四门，城门上加建谯楼。现存东门谯楼为清同治三年（1864年）重建。

东门谯楼为黄峭后裔出资修缮，由底部的石砌城墙、拱券形门洞及上部的三层木构谯楼组成，坐西朝东。门洞用块石整齐砌筑，宽2.3米，进深3.2米；于2.2米处起券，通高约3.3米。木谯楼底部由石城墙顶部及城内侧两排立柱共同支撑，外观三层，抬梁穿斗式木构架，三重檐歇山顶，檐角高翘，形象飞扬。谯楼连同门洞总高达14.2米。2002年，公布为邵武市级文物保护单位。

（黄苏珍、黄淑荣/图文）

◎谯楼局部梁架结构

◎登城楼石阶

邵武清真寺

又名"清净寺",位于邵武市昭阳街道和平巷。元至元十三年(1276年)始建,明洪武七年(1374年)重建于今址,清同治八年(1869年)重修建。1957年、1983、2007年政府三次拨款及民间集资重修,增设文物陈列室、沐浴室、小花园、大门等建筑,现为邵武伊斯兰教协会会址。寺坐北朝南,南北向中轴线上依次建有大门、甬道(东侧带义仓)、宣礼塔(望月楼)、礼拜堂;东西向中轴线上依次分布下回廊、天井(两侧带南北讲经堂)、礼拜堂、水房,占地面积3000平方米。木构宣礼塔,三重檐楼阁式,八角攒尖顶。1981年,列入邵武市级文物保护单位。

1948年国民党撤台,有一部分邵武的穆斯林跟随到台湾并定居。台北清真北大寺管委会穆斯林沙镇海是邵武人,经常回邵武进行交流,并捐款修缮。

(黄苏珍、黄淑荣/图文)

◎清真寺

◎礼拜堂

◎宣礼塔(望月楼)

◎上官家庙

上官家庙

位于邵武市和平镇前山坪村上官巷，清代建。家庙坐东朝西，为单进合院式建筑，中轴线上依次建有门楼、戏台、天井、正厅堂、过雨亭、后厅堂，四周围以封火山墙，占地面积362.37平方米。门楼为三楼单门随墙式，门楣上嵌有楷书阴刻"上官家庙"石匾，砖雕纹饰自上而下有双凤呈祥、人物故事、牡丹、鲤鱼跳龙门、花卉等图案。2004年，公布为邵武市级文物保护单位。

邵武上官后裔迁居台北、台中、台南、云林县等共计2000余人，每年清明都有人回乡祭祖。

（黄苏珍、黄淑荣／图文）

◎上官家庙砖雕门楼

◎上官家庙内看台

东澳天后宫碑刻

◎东澳天后宫

东澳天后宫位于霞浦县三沙镇东澳村海边,始建于明代,清乾隆五年重建,嘉庆十九年(1814年)重修,光绪三年(1877年)再次修缮,20世纪50年代遭毁,80年代重建。

该宫内东面墙上镶嵌着六通清代碑刻,分别是嘉庆二十一年(1816年)《福宁镇水师营海防禁令碑》、嘉庆十九年(1814年)《重修天后宫碑记》、光绪三年(1877年)《福建省救护中外海难船只碑》、道光十一年(1831年)《保护台湾米商告示碑》、另两通为清代《募缘碑记》《海不扬波》。这些碑刻对研究闽台文化、经商贸易和航海历史等都具有重要意义。2003年,公布为霞浦县级文物保护单位。

(吴春明/图文)

◎清嘉庆二十一年(1816年)《福宁镇水师营海防禁令碑》

《重修天后宫碑记》、《募缘碑记》、《海不扬波》等

清光绪三年(1877年)《福建省救护中外海难船只碑》

清道光十一年(1831年)《保护台湾米商告示碑》

川石岛海底电缆遗址暨大东电报公司办事处

◎连江川石岛大东电报公司办事处

位于连江县川石岛东海岸。鸦片战争后，英军在川石岛铺设海底电缆至台湾岛，由英国大东电报公司代经营福州与台湾的电报业务。清光绪十三年（1887年）台湾巡抚刘铭传铺设沪尾（淡水）至川石岛海底电缆，全长117海里，实现海峡两岸电报直通。1931年电信工会代表砍断川石岛一端的线头，两岸电信电缆中断。

大东电报公司办事处位于海底电缆上岸处的狮头山上，是一座青砖外墙的两层楼欧式建筑。

（张峰、骆明勇/图文）

◎川石岛上获取的海底电缆（中国船政文化博物馆展品）

◎海底电缆槽，入海口为北纬26°08′221″，东经119°40′635″，方向南偏西3°

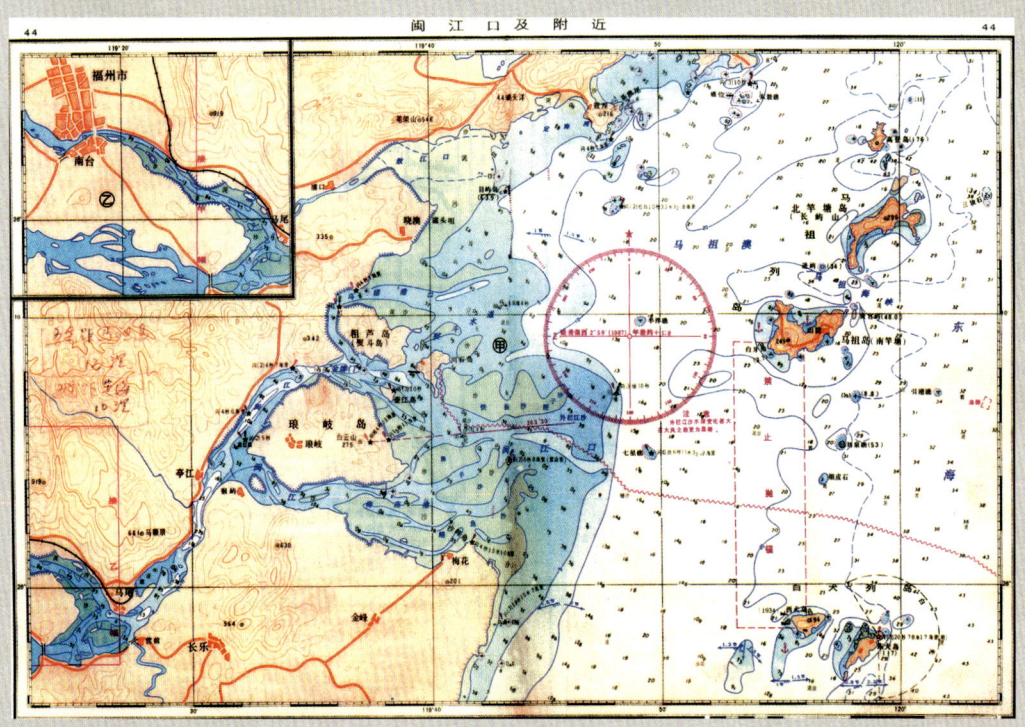
◎海底电缆地图

商缘文物

商缘，是人们因经济贸易往来活动而产生的密切联系。

福建涉台文物中的商缘文物，反映了福建和台湾在两岸开荒垦殖、商贸往来、经济发展等方面的艰辛历程与取得的成效——逐渐使祖国宝岛台湾由荒芜之地递进为富庶之区，稻作农业、制糖业、制茶业、盐业、渔业得到了突飞猛进的发展。由于闽台两地经济互补性强，舟楫往返，互通有无，最终形成了以"郊商"为特色的庞大贸易网络，留下了两岸共同繁荣发展的佳话。

这些商缘文物，涵盖了历史上福建与台湾贸易的商行、商号、货栈等商业建筑，涉台商品或工艺的发源地、集散地，以及见证两岸商贸往来的古渡口、古码头、古航标塔等交通建筑，记录两岸商贸往来的碑刻，还有福建在台湾的经商家族和商业人士于福建家乡兴建的住宅等，内容相当丰富。颇具代表性的有：晋江的蚶江对渡碑（即《新建蚶江海防官署碑记》）、益源栈、文兴渡、万寿塔、林氏义庄，以及台湾板桥林等商宦在闽地的系列建筑等，见证了海峡两岸久远的商贸关系与闽台共同繁荣的历史。

游定夫祠

原名"御史定夫祠",位于南平市延平区南山镇凤池村,是全国仅存的一座游酢专祠。游酢(1053~1123年),字子通,又改字定夫,号豸山,称豸山先生,建阳人,北宋著名理学家、教育家、书法家、诗人和闽学宗师。该祠由游酢九世孙游以仁于元延祐三年(1316年)始建,现存建筑多为清道光十年(1830年)所建。祠坐北朝南,为二进廊院式建筑,平面呈长方形,中轴线上依次为大门、前厅、前院、中厅、天井、大厅、花园,占地面积1085平方米。1992年,辟为游定夫纪念馆,1996年,公布为福建省第四批省级文物保护单位。

该祠是台湾游姓同胞公认的祖祠之一。1992年台北游氏宗亲会总干事游正成率团到凤池游定夫祠寻根问祖,确认游定夫就是自己的圣祖,与凤池游氏同根同源。如今,台湾省各游氏宗亲会纷纷组团到南平游定夫祠参拜,为闽台两岸搭起了心桥。

(郭翔/图文)

◎游定夫祠大门

◎游定夫祠大堂

朱森墓

位于政和县铁山镇凤林村东北约400米处。墓坐西北朝东南,占地面积130平方米。现存墓碑为明成化十五年(1479年)福建按察司金事周孟中等重修时所立。墓碑阳刻楷书"宋承事郎朱公墓"。该墓在20世纪50年代时遭毁坏,1993年重修,以鹅卵石依山势而建,双层挡土护围平面呈风字形,圆柱状坟堆,护围与坟堆间为鹅卵石台阶走道。墓埕地面以鹅卵石铺设,护墙用鹅卵石包贴。该墓四周环山,山丘绵连,俗称莲花山。1983年,公布为政和县级文物保护单位。

朱森是朱熹的祖父。朱子后裔在台湾及海内外人数众多,每年清明时节都有台湾及海外朱子后裔前来祭祖。

(苏全德/图文)

◎朱森墓

◎邹氏家祠

下梅大夫第

位于武夷山市武夷镇下梅村,清乾隆年间(1736~1795年)建,为下梅邹氏宅第。四纵三厅四进,前有歇屋两列,门楼砖雕精美。右后院造一花园,称"小樊川"。左侧二纵为"施政堂",规模较大,布局井然有序。2001年,公布为福建省第五批省级文物保护单位。

下梅村在清康、乾期间是闽省茶叶主要中转站之一,邹氏景隆号是当时下梅村最大的茶叶商号。邹氏兴盛时建有商号、祠堂、住宅、庙宇等各类建筑二三十处,形成了下梅村古村落的重要建筑群。其中,规模恢宏、藻饰华丽的邹氏大夫第是下梅村标志性的建筑。

下梅邹氏后裔邹忠彬、邹声松在20世纪40年代随军入台,后经营台北电缆业,其后代现主要居住在台北地区。

(武夷山市博物馆/图文)

◎邹氏大夫第

◎邹氏大夫第后花园"小樊川"

"国泰民安"碑

2010年10月发现于霞浦县城府前路。该碑立于清道光十一年（1831年）二月，碑高2米，宽0.7米，厚0.10米，辉绿岩质地，额题楷书阳文"国泰民安"4字，正文为楷体阴文，凡17行，共526字。

碑文载有"福宁地方户口增繁全赖台米接济"、"如有船户贩运台米进港，听其随时粜卖，不得扰累阻挠。倘有兵役奸民人等私向米船索取，例规一经察出或被呈控，定即严拏究治，决不姑宽"等句，真实反映了道光年间台湾粮食输入福建的历史情形，是海峡两岸贸易往来密切、互相依存的实物见证。

（吴春明、雷谢清/图文）

◎清道光"国泰民安"碑

东吴石塔

又称吉蓼塔，位于莆田市东埔镇东吴村，建于明万历四十六年（1618年）。秀屿港是明朝对外通航的重要港口，东吴石塔则是进入秀屿港的主要航标。该石塔为仿木楼阁式，七级八角，通高21.54米，底层边长2.11米，内设梯道，外设廻廊。底层正门向东，各层对错开门；底层门两旁雕刻武士像，每层各面设龛置佛，各层塔门石额刻有"祝圣伟望"、"古刹嘉馨"、"海上鳌峰"和建塔纪年等。2009年，公布为福建省第七批省级文物保护单位。

东吴村台属众多，全村有近半人家有亲属在海外，近年来回乡寻根谒祖、投资兴业的人不断增多。东吴石塔作为该村标志性建筑，颇受关注。1988年，旅台乡亲陈金楼等捐资重修石塔各层外廻廊。

（郑向锋、郑丽香/图文）

◎东吴石塔

◎东吴石塔二层塔身外佛龛内石佛像之一　　◎东吴石塔二层塔身外佛龛内石佛像之二　　◎东吴石塔二层塔身外佛龛内石佛像之三

长福厝

位于安溪县金谷镇金山村，始建于清末。三进双护厝，砖石结构。正厅悬山顶，面阔、进深各三间。整座建筑保存完整，石雕、木雕、砖雕流光溢彩，美轮美奂。

建厝者谢冰，系金谷谢氏第十六世祖。谢冰年少入厦门叶家茶行当杂役，期间掌握茶叶生产销售技巧，乃返回家乡与其兄谢驾广植药茶"白毛猴"，并运至台南销售，积累资本。后由清廷委办台南税厘洋药局务。光绪四年（1878年）山东大旱，谢冰从台湾运回物资到山东放赈。光绪皇帝遂诰授奉政大夫，赏戴花翎，候选广州知府，五品衔，赐匾"选魁"、"朝议第"。日本侵占台湾后，谢冰悲愤交集，举家回迁安溪避难，不久辞世。（黄炯然/文　吴益祥/图）

◎长福厝

◎长顺建筑群

长顺建筑群

位于晋江市龙湖镇南浔村和平北区，建于清光绪八年（1882年）。"长顺"系清代在台湾鹿港经商的施至扇的商号。

整组建筑为红砖石面墙，前有石埕院墙，占地面积4500平方米，建筑面积2500平方米。"典当行"二进五开间，右边护厝，"公妈厅"三进五开间，住宅二进五开间，后有"后盖土"，三间小厅，一扇开边门（朝东南）。住宅右前方为书房，现存三间，前有花圃，门匾"通瀛书屋"，别致的六角门、瓶形门、竹节窗等格外精美。

长顺建筑群是典型的清末闽南古大厝，也是泉台贸易文化交流的见证。

（粘良图/文　林铅海/图）

◎长顺建筑群大门

◎长顺建筑群之书院

南春大安三落

位于晋江市深沪镇南春行政村三落，坐东北朝西南，五开间三落大厝。砖石木结构，房屋高敞，装饰简单，双凹寿对看堵饰有剪砖连续图案。据《王氏族谱》载，其十三世迪元讳祥官，号瑞轩（1715~1769年），经营海运贸易，往来宁波、台湾，"自构高堂大厦，则与从兄弟均分"。其曾孙于清同治元年（1862年）分家阄书中，除记本地产业外，尚记"与家潘安官台郡合作协长丰生理"。由此可见，王氏为对台贸易的海商世家，南春大安三落是闽台贸易往来的见证。

（粘良图/文 陈君兰/图）

◎南春大安二、三落建筑鸟瞰

◎南春大安三落大门

◎南春大安三落厅堂

商缘文物

◎晋江益源栈外观

益源栈

◎晋江益源栈

位于晋江市深沪镇后山社区群益路，系民国时期陈家建。陈氏十九世陈家著（1772~1837年）在清乾、嘉年间经商于闽台，至二十一世陈永蕴（1819~1877年）成为当地富豪。

该建筑坐南朝北，大门开在大厝的左侧，为前后两进，面阔三开间，单护厝，进深12.3米。厝内木雕较多，但局部损坏严重。相传陈家为了在海边建造益源货栈，从台湾运来大量石块填造地基，并用米水灰浆灌缝，花的钱可以起造三座大厝。在台南同时也建有一座益源货栈。

（粘良图/文 陈君兰/图）

东石玉记商行建筑群

位于晋江市东石镇第四社区，为东石玉井房蔡章昷、章湾、章叶三兄弟所建。清嘉庆年间（1796~1820年）蔡氏三兄弟开创"玉记商行"，贸易于海峡两岸，成为富商。光绪年间（1875~1908年）在东石港附近扩建商行，建成玉记商行建筑群。现存三开间两落大厝八座和栈房二座。

玉记商行建筑群所处的晋江东石港原为泉州"三湾十二港"之一，对台贸易兴盛，各姓都有族人移居台湾，清代东石蔡氏往台湾谋生的占族人半数。玉记商行建筑群，是闽台商贸密切往来的见证，为闽台商缘研究提供了宝贵的实物资料。

2009年，公布为福建省第七批省级文物保护单位。　　　　（粘良图/文　林铅海/图）

◎玉记商行建筑群

◎玉记群屋大门

◎玉记巷

◎玉记商行栈房

◎玉记花山宅

江口码头

位于泉州市丰泽区东海街道法石村，为文兴渡、美山渡的并称，始建于南宋时期，是古泉州沿江集群商业码头之一，也是古泉州城区与港区水陆转运的枢纽，经历宋、元、明、清四个朝代，一直是海外贸易的重要码头。

文兴渡呈南北走向，从江岸自上而下延伸至江面，为石构斜坡阶梯式驳岸码头。渡口右侧尚存三层镇风石塔一座，须弥座，层层雕佛，疑似宋代遗物。近年来，先后在这里发现12~15世纪的造船遗址、古船残骸、石碇、西班牙银币及数座伊斯兰教石基。

美山渡为石构墩台和斜坡结合式驳岸码头，石构墩台临江筑就，墩台的台基由下而上渐次内收，外侧壁面呈斜状，以供深水停泊。墩台东西两侧各附有一条南北走向的石构斜坡式道路，向南延伸到江中。

2006年，作为"泉州港古建筑"的重要组成部分，公布为第六批全国重点文物保护单位。

（赖玉芳/文 许哲宗/图）

◎文兴渡

◎文兴渡口镇风石塔

◎美山渡

◎屋顶挡水墙雕

◎屋檐花雕

◎谢冰墓

◎"选魁"匾

◎"朝议第"匾

◎窗雕

◎柱础

◎九十九间大厝

九十九间大厝

位于晋江市金井镇坑口村刘宅，是该村王氏族人于清代往台湾经商有成后回乡所建，现该村有居台后裔100余人。

该厝五开间三落，正厅分前后厅，双面护厝，门口石埕，周以砖石围墙，占地面积近千平方米。厝内凹寿装饰砖雕以及石雕、泥灰雕塑精美，天井宽阔，正座梁架中脊高达5.4米，内墙多用木板、菅杆涂抹泥灰装饰。东西大房外有"屏步口"，东西厢房前各有棚架一座。

（张卫军/文 陈君兰/图）

◎九十九间大厝大门

◎九十九间大厝庭院

◎九十九间大厝门房

◎安海龙山寺

安海龙山寺

位于晋江市安海镇型厝村，始建于隋开皇年间，几经重修，现庙宇为清同治十三年（1874年）至光绪五年（1879年）重建。寺坐北朝南，由山门、钟鼓楼、前殿、后殿、拜亭等建筑组成，占地面积4250平方米。建筑规模宏大，木雕、石雕、剪瓷等装饰精美。寺中主供通高4.2米、宽2.5米的明代木雕千手观音立像，是稀世珍品，1991年，公布为福建省第三批省级文物保护单位。

靖海侯施琅及族人多次捐资参与龙山寺的修缮，清光绪五年（1879年）《重修龙山寺碑》记载了数十名捐资兴修龙山寺的泉台郊商行号及船号，成为研究闽台商缘的重要实物。该寺香火通过清代闽南百姓大批移民台湾开发及往台湾贸易，传播到台湾，成为台湾400多座龙山寺的祖庙，台湾五大龙山寺建筑形制多仿效安海龙山寺。

（林铅海／图文）

◎宝殿内景

◎明代木雕千手观音

南安中宪第

位于南安石井镇石井社区,系南安石井人郑运锦往台湾经商致富后,于清雍正年间(1723~1735年)兴建的,因其长子郑汝成官州司马,诰封中宪大夫,故称"中宪第"。该建筑坐南朝北,由主厝、后进、东护厝、西护厝、西重护厝、演武厅、书轩、梳妆楼、水榭、曲桥、月亮潭、亭阁、假山等部分组成,占地面积7780平方米。主厝四进,中轴线自北向南依次为门厅、大厅、中厅、后厅。大厅,穿斗式减柱造木构架,硬山顶。中宪第规模宏大,布局井然有序,平面富于变化,繁而不杂,构筑富丽堂皇,木雕以精致见长,是研究闽台关系史和闽台古建筑的宝贵实物资料。

2001年,公布为福建省第五批省级文物保护单位。

(杨小川/图文)

◎南安中宪第全景

◎南安中宪第俯瞰

◎南安中宪第

福建涉台文物大观

商缘文物

◎中宪第大门

◎中宪第的演武厅

◎中宪第的水榭曲桥

◎郑运锦画像

◎郑汝成画像

◎万寿塔

万寿塔

位于石狮市宝盖镇宝盖山巅。俗称姑嫂塔,又名关锁塔,是闽台间商贸往来船只的航标塔。宋绍兴年间(1131~1162年)僧介殊建。塔为石构,五层八角楼阁式,底层边长3.8米,通高22.86米,占地面积388平方米。塔内嵌石旋梯直达塔顶,每层开一券门。塔门朝西,前有石构门亭与之相联。门亭平面呈长方形,三开间,四坡顶,内立清乾隆四十三年(1778年)维修碑记一通。塔底层四周建有环廊,廊盖为单坡顶,廊壁有方形佛龛7个,均置坐佛。2006年,公布为第六批全国重点文物保护单位。

(郑国珍/文 姜玉荣/图)

◎万寿塔石构门亭

◎万寿塔

◎万寿塔内八角结构

◎清乾隆年间重修万寿塔碑记

◎石狮六胜塔全景

六胜塔

◎石狮六胜塔

位于石狮市蚶江镇石渔村与石农村交界处。又名日湖塔、石湖塔，是闽台间商贸往来船只的航标塔。宋政和三年（1113年）始建，景炎二年（1277年）被元军毁坏大半，元至元二十二年（1285年）重建，至正二年（1342年）重修。塔为石构，五层八角楼阁式，通高36.06米，占地面积425平方米。塔内用条石砌八角形塔心柱，上端留有八角井，深2.5米，内安放宋代瓷碗3只，古钱币3枚。塔座为双层须弥座，八角各雕一力士承托。每层均设四门、四龛，并浮雕金刚、菩萨立像；转角处有大圆柱，上置莲花栌斗，两旁雕雀替，补间铺作均双挑，塔檐脊端各端坐一尊石佛。2006年，公布为第六批全国重点文物保护单位。

（郑国珍/文 姜玉荣/图）

◎六胜塔远眺

◎六胜塔浮雕金刚立像

◎六胜塔纪年题刻

◎六胜塔转角石斗拱雕饰

◎六胜塔的佛龛与左右浮雕金刚立像

◎石狮林銮渡"通济桥"

◎石狮林銮渡码头

林銮渡

位于石狮市蚶江镇石渔村。唐开元八年（720年）航海家林銮建，几经重修。宋代在渡头增建"通济桥"，明崇祯年间重修。渡（码）头呈曲尺状，条石砌筑，南北走向，末端向东，全长113.5米，主体长约70米，宽2.2米，高2.41米，是闽台间商贸船只往来的水上转运、水路转运的重要渡（码）头，残存有石碑一通。2006年，公布为第六批全国重点文物保护单位。

（郑国珍/文 姜玉荣/图）

◎石狮林銮渡全景

◎石狮林銮渡渡口

◎明张瑞图"再借亭"碑

福建省涉台文物名录

序号	名　称	保护级别	类　别	年　代	座落地点	涉台渊源类型
1	林则徐墓	全国重点	古墓葬	清	福州市鼓楼区马鞍村狮子山东麓	血缘
2	福州文庙	全国重点	古建筑	清	福州市鼓楼区圣庙路	文缘
3	三坊七巷和朱紫坊建筑群（含宫巷沈氏民居、林觉民故居、文儒坊陈氏民居、严复故居、宫巷林氏民居、小黄楼）	全国重点	古建筑	明、清	福州市鼓楼区三坊七巷和朱紫坊	血缘
4	崇妙保圣坚牢塔	全国重点	古建筑	五代	福州市鼓楼区乌石山东麓	血缘
5	龙峰泰山庙	省级	古建筑	清	福州市鼓楼区华林路山头角龙峰自然村	法缘
6	报恩定光多宝塔	省级	古建筑	明	福州市鼓楼区安泰街道于山社区于山西南麓	地缘
7	福州建宁会馆	省级	古建筑	清	福州市鼓楼区南街街道七巷社区郎官巷17号	商缘
8	闽王祠（含恩赐琅琊郡王德政碑）	省级	古建筑	清	福州市鼓楼区庆城寺东侧	文缘
9	陈衍故居	省级	古建筑	清	福州市鼓楼区南街街道三坊社区文儒坊大光里8号	文缘
10	光禄坊刘氏民居	省级	古建筑	清	福州市鼓楼区南街街道三坊社区光禄坊28、30、32、34号	文缘
11	朱紫坊方氏民居	省级	古建筑	清	福州市鼓楼区安泰街道圣庙社区朱紫坊48号	血缘
12	王麒故居	省级	古建筑	清	福州市鼓楼区南街街道七巷社区塔巷旧28、30号	血缘
13	黄巷郭氏民居	省级	古建筑	清	福州市鼓楼区南街街道七巷社区黄巷6、7号	血缘
14	福州中山堂	省级	近现代重要史迹及代表性建筑	1912年	福州市鼓楼区中山路23号	法缘
15	沈葆桢墓	市县级	古墓葬	清	福州市鼓楼区洪山镇梅亭村北向火烽山南麓	法缘
16	洪山伊斯兰圣墓	市县级	古墓葬	清	福州市鼓楼区洪山镇井边亭村	法缘

天心永乐禅寺

　　坐落于武夷山景区,初名天心庵,以禅茶"大红袍"闻名。唐代贞元年间建,现存为清代建筑。明永乐年间敕封,更名为天心永乐禅寺。清顺治年间,茶僧研制出乌龙茶制作工艺;康熙二十五年(1686年),天心寺僧释超全作《武夷茶歌》,最早总结制作工艺流程,天心永乐禅寺成为武夷山乌龙茶的祖庭。1992年,公布为市级文物保护单位。

　　相传,清咸丰五年,台湾南投鹿谷乡举人林凤池受天心永乐禅寺住持赠36株茶苗,其中12株在冻顶山培植成功,由此产出著名的"冻顶乌龙"。据文献与茶业专家考察共证,"冻顶乌龙"的品种主要是"清心乌龙",属武夷变种(Var Bohea),证明源自武夷山。

　　近年来,闽台茶业交流活跃,台湾茶人频繁到武夷访祖。2007年首届武夷山国际禅茶文化节期间,林凤池后裔、台湾冻顶乌龙同业公会会长林献堂,特意通过冻顶乌龙茶代表团向天心永乐禅寺赠送题词:"茶香远播"。

(武夷山市博物馆/图文)

◎天心永乐禅寺

◎台湾"冻顶乌龙"茶发祥地

◎"永乐茶坊"牌匾

◎天心寺台湾举人林凤池夜宿处

◎《台湾通史》载天心茶苗引入台湾经过

◎百年乌龙茶园

◎百年老茶树

◎2009年立的茶树资源保护碑

澜溪瓷窑址

位于建宁县伊家乡澜溪村汪家埔自然村西100米的窑岭，烧建于宋、元两代，1958年第一次文物普查发现，分布面积约70万平方米，绵延2.5千米。窑址堆集十分丰富，1988年第二次文物普查采集有大量的褐釉、影青、青花等宋、元时期瓷片和窑具，主要产品有碗、碟、瓶、壶，以及其他瓷工艺品等。汪家铺窑址密集区原作坊已改为水稻田。当年澜溪窑所产瓷器由闽江口出海销往台湾、东南亚等地区，台湾故宫博物院现收藏有澜溪窑所产精美瓷器。1985年，该窑址列为建宁县级文物保护单位。（曹建新/图文）

◎澜溪瓷窑址

◎澜溪瓷窑址采集的瓷片、匣钵

百年乌龙茶遗址

位于建瓯市东峰镇桂林村西侧盆地，当地俗称"矮亭仔"。相对高度约6米，占地面积15.2亩，分为东、西两块茶园。该茶园种植于清咸丰年间，园内至今尚存6090株百年矮脚乌龙茶树。

连横《台湾通史》记载，清嘉庆年间台湾引进"武夷之茶"。1990年9月，台湾战后茶业之父吴振铎先生等人到桂林村实地考察，确认矮亭仔茶园的矮脚乌龙老树，与台湾乌龙的主要种植品种"清心乌龙"属同一品种，从而进一步印证了闽台乌龙茶树品种的历史渊源。1991年6月，福建省茶叶学会、南平市行政公署、建瓯市人民政府将该片茶园列为保护区，以"永志海峡两岸茶叶亲缘相依的关系"。

（魏永青、吴金泉/图文）

◎1991年立的"百年乌龙"碑

◎林氏义庄俯瞰

林氏义庄

位于龙海市角美镇杨厝村过井社。庄坐西北朝东南，中轴线上依次为鱼塘、栏杆、埕院、三幢大厝、花园、围墙，南北长114米，东西宽90米，占地面积10260平方米，其中建筑总面积3730平方米。主体建筑群为三幢前后两进大厝，穿斗式木结构，硬山顶。主体建筑"永泽堂"中天井西边走廊墙上镶嵌一排黑色页岩石碑刻，是清朝书法家吕世余所书，详细记载林氏义庄的由来、施赈办法及经理人员配备等内容，为研究当时地方慈善机构的运作提供了详尽的第一手资料。2006年，公布为第六批全国重点文物保护单位。

林氏义庄，是清中后期闽台两省著名的慈善机构，创建人林平侯，字向邦，号石潭，清乾隆四十五年（1781年）随父林应寅赴台兴办实业，成为台湾五大财团之一。清嘉庆二十四年（1819年），林平侯于龙溪故里过井社筹建义庄，二年后建成，命名为"永泽堂林氏义庄"。道光元年（1821年），林氏义庄开始办理施赈业务，周济宗亲，后经其儿子林国华、孙子林维源、曾孙林尔嘉（字叔臧，号尊生），四代相传，前后历经116年之久，影响深远。

（郑云／图文）

◎永泽堂

◎林氏义庄内过道

文英楼与古码头

位于漳州市芗城区东部的浦头港。文英楼又名定潮楼,为石木结构两层楼阁建筑,一头面水向浦头港,一头面街临盐鱼市。一楼石砌,石铺码头通道由其中穿过,两侧为上楼梯。二楼平面呈"目"字形,由前后两座、中天井组成,靠街一座祀周仓,靠水一座祀妈祖。保存清乾隆元年(1736年)、道光五年(1825年)、光绪四年(1878年)肃整贸易的禁示碑三通,嘉庆十三年(1808年)《重修文英楼碑记》一通。此楼始建年代不详,现有建筑最早纪年为清雍正七年(1729年),1994年楼周围乡众集资再次维修。

文英楼古码头的水路直通九龙江出海口,是漳人赴台的出发地之一。从清初到民国初期,漳厦商船在此舣聚,是四方百货的集散地和中转站。1988年,公布为漳州市第一批市级文物保护单位。

◎文英楼临街立面

◎文英楼又名定潮楼匾额

◎文英楼二层一进前廊梁架结构

◎文英楼内祀周仓的神龛

序号	名　　称	保护级别	类别	年代	座落地点	涉台渊源类型
17	陈季同墓	市县级	古墓葬	清	福州市鼓楼区洪山镇原厝村	文缘
18	正谊书院	市县级	古建筑	清	福州市鼓楼区东街	文缘
19	于山碑廊及九仙观	市县级	古建筑	宋~清	福州市鼓楼区鼓楼于山顶	文缘
20	林纾故居	市县级	古建筑	清	福州市鼓楼区水部莲宅社区	文缘
21	刘齐衔故居	市县级	古建筑	清	福州市鼓楼区宫巷东口	血缘
22	林则徐出生地	市县级	古建筑	清	福州市鼓楼区中山路19号	血缘
23	林则徐故居	市县级	古建筑	清	福州市鼓楼区文藻北路	血缘
24	颂张师诚歼蔡牵事摩崖题刻	市县级	石刻及造像	清	福州市鼓楼区于山南麓	法缘
25	光禄吟台	市县级	石刻及造像	清	福州市鼓楼区光禄坊8号	文缘
26	鼓楼沈葆桢祠堂	尚未公布为保护单位	古建筑	清	福州市鼓楼区安泰街道乌塔社区乌山路92号市委大院内	法缘
27	鼓楼吴石故居	尚未公布为保护单位	古建筑	清	福州市鼓楼区宫巷22号	法缘
28	鼓楼甘国宝祠堂	尚未公布为保护单位	古建筑	清	福州市鼓楼区文儒坊51号	法缘
29	鼓楼梁鸣谦故居	尚未公布为保护单位	古建筑	清	福州市鼓楼区闽山巷9号	法缘
30	李世甲故居	尚未公布为保护单位	古建筑	清	福州市鼓楼区鳌峰坊34号	法缘
31	陈季良故居	尚未公布为保护单位	古建筑	清	福州市鼓楼区文儒坊19号	法缘
32	福建都城隍庙及官地碑	尚未公布为保护单位	古建筑	清~现代	福州市鼓楼区鼓屏路云步山巷8号	法缘
33	鳌峰书院	尚未公布为保护单位	古建筑	清	福州市鼓楼区鳌峰坊	文缘
34	许㑺业故居	尚未公布为保护单位	古建筑	清	福州市鼓楼区文儒坊56号	文缘
35	何振岱故居	尚未公布为保护单位	古建筑	清	福州市鼓楼区文儒坊大光里南侧21号	文缘
36	董执谊故居	尚未公布为保护单位	古建筑	清	福州市鼓楼区南后街162号	文缘
37	福州商务总会旧址	省级	古建筑	清	福州市台江区后洲街道上杭社区上杭路100号	商缘
38	侯德榜故居	省级	古建筑	清	福州市台江区宁化街道福瑞社区新村二里60号	文缘

序号	名 称	保护级别	类 别	年 代	座落地点	涉台渊源类型
39	张真君祖殿	省级	古建筑	清	福州市台江区后洲街道下杭社区星安桥巷88号	文缘
40	采峰别墅	省级	近现代重要史迹及代表性建筑	1920年	福州市台江区后洲街道上杭社区上杭路122号	商缘
41	台江陈文龙祠	市县级	古建筑	明~清	福州市台江区三通路2号	文缘
42	台江河上救生堂	尚未公布为保护单位	古建筑	清	福州市台江区白马南路高家厝	文缘
43	浦西福寿宫	尚未公布为保护单位	古建筑	清	福州市台江区宁化路浦西村	文缘
44	严复故居及墓	全国重点	近现代重要史迹及代表性建筑	清~民国	福州市仓山区盖山镇阳岐村	血缘
45	安澜会馆	省级	古建筑	清	福州市仓山区仓前街道梅坞社区仓前路250号	商缘
46	蔡忠惠公祠	省级	古建筑	清	福州市仓山区下渡街道下藤社区下藤路199号	文缘
47	螺洲天后宫	省级	古建筑	清	福州市仓山区螺洲镇店前村江墘埕	文缘
48	林浦泰山宫	省级	古建筑	清	福州市仓山区城门镇濂江村	文缘
49	台屿陈氏宗祠	省级	古建筑	清	福州市仓山区建新镇台屿村	血缘
50	阳岐严氏宗祠	省级	古建筑	明	福州市仓山区盖山镇阳岐村	血缘
51	螺洲陈氏五楼及宗祠	省级	古建筑	清	福州市仓山区螺洲镇店前村	血缘
52	永盛梁氏宗祠	省级	古建筑	清	福州市仓山区城门镇梁厝	血缘
53	阳岐尚书祖庙	尚未公布为保护单位	近现代重要史迹及代表性建筑	民国	福州市仓山区盖山镇上岐村	文缘
54	仓山林森公馆	省级	近现代重要史迹及代表性建筑	民国	福州市仓山区程埔头七星巷2号	血缘
55	城门陈绍宽故居	市县级	古建筑	民国	福州市仓山区城门镇胪雷村	法缘
56	仓山广东会馆	市县级	古建筑	清	福州市仓山区六一南路西侧太平巷21号	商缘
57	林浦林济斋祠	市县级	古建筑	明	福州市仓山区城门镇林浦村	血缘
58	林浦林见泉祠	市县级	古建筑	明	福州市仓山区城门镇林浦村	血缘
59	林浦林尚书家庙	市县级	古建筑	明	福州市仓山区城门镇林浦村	血缘

序号	名　称	保护级别	类　别	年　代	座落地点	涉台渊源类型
60	义序黄氏宗祠	市县级	古建筑	清	福州市仓山区盖山镇义序村	血缘
61	城门连坂桥	市县级	古建筑	唐	福州市仓山区城门镇连坂村甘泉山兜	法缘
62	仓山独立厅	市县级	近现代重要史迹及代表性建筑	清	福州市仓山区梅坞路9号	法缘
63	城门林之夏故居	尚未公布为保护单位	古建筑	民国	福州市仓山区城门镇城门村	法缘
64	螺洲吴石祖居	尚未公布为保护单位	古建筑	清、民国	福州市仓山区螺洲镇吴厝村	法缘
65	仓山台湾银行	尚未公布为保护单位	古建筑	民国	福州市仓山区仓前街道上藤路69号	商缘
66	仓山陈靖姑故居遗址	尚未公布为保护单位	古建筑	清	福州市仓山区临江街道下池社区	文缘
67	螺洲陈若霖故居	尚未公布为保护单位	古建筑	清	福州市仓山区螺洲镇店前村	血缘
68	福建船政建筑群	全国重点	近现代重要史迹及代表性建筑	清	福州市马尾区马尾镇马限山西麓	法缘
69	福州戍守台湾将士墓群	省级	古墓葬	清	福州市马尾区亭江镇闽安村	法缘
70	闽安协台衙门	省级	古建筑	清	福州市马尾区亭江镇闽安村城里街	法缘
71	亭江怡山院	市县级	古建筑	清	福州市马尾区亭江镇亭江中学内	文缘
72	林纾墓	省级	古墓葬	民国	福州市晋安区新店镇过溪村白鸽垅	文缘
73	闽王王审知墓	省级	古墓葬	五代	福州市晋安区新店镇斗顶村斗顶山	血缘
74	林尔康墓	省级	古墓葬	民国	福州市晋安区鼓山镇洋里村	血缘
75	凤洋将军庙	省级	古建筑	清	福州市晋安区鼓山镇远东村	文缘
76	杨树庄墓	市县级	古墓葬	民国	福州市晋安区鼓山达摩十八景石牌坊前	法缘
77	鼓山涌泉寺	市县级	古建筑	清	福州市晋安区东郊鼓山灵源洞西侧	文缘
78	晋安康山庙	市县级	古建筑	清	福州市晋安区岳峰镇康山	文缘
79	昙石山遗址	全国重点	古遗址	新石器~青铜时代	闽侯县甘蔗镇昙石村330号	地缘
80	庄边山遗址	省级	古遗址	新石器时代	闽侯县竹岐乡春风村	地缘
81	李纲墓	省级	古墓葬	清	闽侯县荆溪镇光明村大嘉山	血缘

序号	名 称	保护级别	类 别	年 代	座落地点	涉台渊源类型
82	大湖战役遗址	省级	近现代重要史迹及代表性建筑	民国	闽侯县大湖乡大湖村	法缘
83	湖柄牛头山遗址	市县级	古遗址	新石器时代～青铜时代	闽侯县小箬乡湖柄村后牛头山	地缘
84	南屿福垆寺	市县级	古建筑	清	闽侯县南屿镇南旗村桥下	文缘
85	青圃灵济宫	市县级	古建筑	民国	闽侯县青口镇青圃村鳌峰顶	文缘
86	侯官城隍庙	市县级	古建筑	唐～清	闽侯县上街镇侯官村华棣山	文缘
87	新洲金将军庙	市县级	古建筑	明	闽侯县上街镇新洲村南部	文缘
88	南旗林春泽故居	市县级	古建筑	明	闽侯县南屿镇南旗村水西林38号	血缘
89	陈厝陈氏支祠	市县级	古建筑	1931年	闽侯县南通镇陈厝村	血缘
90	文山陈氏宗祠	市县级	古建筑	民国	闽侯县南通镇文山村	血缘
91	青圃林白水陵园	市县级	近现代重要史迹及代表性建筑	1985年	闽侯县青口镇青圃村	血缘
92	闽侯林森故居	市县级	近现代重要史迹及代表性建筑	1890年	闽侯县祥谦镇凤港村	血缘
93	白沙溪头遗址	尚未公布为保护单位	古遗址	新石器～青铜时代	闽侯县白沙镇溪头村西南	地缘
94	恒心洽浦山遗址	尚未公布为保护单位	古遗址	新石器时代	闽侯县荆溪镇恒心村东北	地缘
95	上街赤塘山遗址	尚未公布为保护单位	古遗址	新石器～青铜时代	闽侯县上街镇上街村西北	地缘
96	梁鸣谦墓	尚未公布为保护单位	古墓葬	清	闽侯县荆溪镇狮球山	法缘
97	瓜山太保庙	尚未公布为保护单位	古建筑	民国	闽侯县南通镇瓜山村	文缘
98	方庄宋少保方公祠	尚未公布为保护单位	古建筑	民国	闽侯县南通镇方庄村	血缘
99	泽江张氏宗祠	尚未公布为保护单位	古建筑	民国	闽侯县南通镇泽苗村	血缘
100	陈第墓	省级	古墓葬	明	连江县浦口镇官岭村后山腰	文缘
101	长门炮台	省级	古建筑	清	连江县琯头镇长门村电光山	法缘
102	林森藏骨塔（含啸馀庐）	省级	近现代重要史迹及代表性建筑	民国	连江县琯头镇青芝山	血缘
103	凤城妈祖庙	省级	市县级	清	连江县解放大桥旁	文缘

序号	名 称	保护级别	类别	年代	座落地点	涉台渊源类型
104	琯头大东电报局	尚未公布为保护单位	古建筑	清	连江县琯头川石狮头山上	法缘
105	连江"海峡之声"广播站	尚未公布为保护单位	近现代重要史迹及代表性建筑	1958年	连江县畚箕山	法缘
106	东营大埔石刻	尚未公布为保护单位	石刻及造像	清	连江县马祖列岛的东营岛	法缘
107	陈太尉宫	全国重点	古建筑	宋~清	罗源县中房乡	文缘
108	凤山天后宫	市县级	古建筑	明、清	罗源县凤山镇码头路56号	文缘
109	西洋林九娘墓	尚未公布为保护单位	古墓葬	元	罗源县飞竹镇西洋村	血缘
110	凤山黄英故居	尚未公布为保护单位	古建筑	清	罗源县凤山镇东大路3号	法缘
111	飞竹西洋宫	尚未公布为保护单位	古建筑	清、现代	罗源县飞竹镇飞竹村西洋自然村	文缘
112	鉴江崇福宫	尚未公布为保护单位	古建筑	清	罗源县鉴江镇鉴江村	文缘
113	宏琳厝	省级	古建筑	清	闽清县坂东镇新壶村	血缘
114	金沙圣君殿	市县级	古建筑	清	闽清县金沙镇光辉村	文缘
115	墘上六叶祠	市县级	古建筑	民国	闽清县坂东镇墘上村	血缘
116	坂中四乐轩	尚未公布为保护单位	古建筑	清	闽清县坂东镇坂中村	血缘
117	溪西张氏宗祠	尚未公布为保护单位	古建筑	清	闽清县坂东镇溪西村	血缘
118	塔庄黄笃文祖居	尚未公布为保护单位	古建筑	清	闽清县塔庄镇塔庄村	血缘
119	新壶良衡厝	尚未公布为保护单位	古建筑	清	闽清县坂东镇新壶村	血缘
120	溪丰品亨寨	尚未公布为保护单位	古建筑	清	闽清县坂东镇溪丰村	血缘
121	鹤洋詹氏宗祠	尚未公布为保护单位	古建筑	清	闽清县白樟镇白洋村小盆地上	血缘
122	旗峰池氏宗祠	尚未公布为保护单位	古建筑	民国	闽清县坂东镇平原旗峰村	血缘
123	义由林兆琪故居	尚未公布为保护单位	古建筑	清	闽清县东桥镇义由村	血缘
124	杉村毛氏宗祠	尚未公布为保护单位	古建筑	明	闽清县下祝乡杉村	血缘
125	塔庄黄氏宗祠	尚未公布为保护单位	古建筑	清	闽清县塔庄镇塔庄村	血缘
126	郑侨墓	省级	古墓葬	宋	永泰县梧桐镇潼关村大洋自然村	血缘
127	联奎塔—三元祠	省级	古建筑	清	永泰县城峰镇温泉村塔山公园内	文缘

序号	名　称	保护级别	类　别	年代	座落地点	涉台渊源类型
128	樟板金山堂	省级	古建筑	清	永泰县洑口乡洑口村	血缘
129	樟板乡贤第	省级	古建筑	清	永泰县同安镇樟坂村	血缘
130	方壶岩摩崖石刻	省级	石刻及造像	宋	永泰县盘谷乡水尾村	文缘
131	月洲张氏宗祠	市县级	古建筑	宋	永泰县嵩口镇月洲村	血缘
132	月洲张元幹祖居	市县级	古建筑	明	永泰县月洲村桃花溪畔	血缘
133	萧国梁故居遗址	尚未公布为保护单位	古遗址	宋	永泰县岭路乡七斗村	血缘
134	嵩口妈祖庙	尚未公布为保护单位	古建筑	清	永泰县嵩口镇街道居委会	文缘
135	壳丘头遗址	省级	古遗址	新石器时代	平潭县平原镇山显美村东北南垄自然村	地缘
136	江继芸墓	省级	古墓葬	清	平潭县北厝镇湖南村田美自然村	法缘
137	五福庙	省级	古建筑	清	平潭县潭城镇五福庙街	文缘
138	井过安遗址	尚未公布为保护单位	古遗址	新石器时代	平潭县平原镇官树下村东北	地缘
139	西营遗址	尚未公布为保护单位	古遗址	新石器时代	平潭县海坛岛平原乡西营村东北	地缘
140	詹功显墓	尚未公布为保护单位	古墓葬	清	平潭县岚城乡北楼村	法缘
141	詹殿擢墓	尚未公布为保护单位	古墓葬	清	平潭县北厝镇山利村东南油坊下	法缘
142	詹功显故居	尚未公布为保护单位	古建筑	清	平潭县潭城镇合掌街北	法缘
143	霞屿天后宫	市县级	古建筑	清	平潭县岚城乡霞屿村	文缘
144	君山顶遗址	尚未公布为保护单位	古遗址	青铜时代	平潭县中楼乡君山南坡	地缘
145	施得高墓	市县级	古墓葬	清	平潭县北厝镇务里村南务里自然村	法缘
146	龙江桥	省级	古建筑	宋	福清市海口镇海口村西	地缘
147	"黄阁重纶"石牌坊	省级	古建筑	明	福清市龙山街道瑞云社区瑞云塔前	法缘
148	豆区园	市县级	古建筑	清	福清市融城镇官驿巷内	法缘
149	东张遗址	尚未公布为保护单位	古遗址	新石器~青铜时代	福清市东张镇先锋村	地缘
150	龙田施孟宏祖居	尚未公布为保护单位	古建筑	明	福清市龙田镇上一村清风巷	血缘
151	柯林·约翰逊纪念堂	尚未公布为保护单位	近现代重要史迹及代表性建筑	1909年	福清市龙田镇第三中学内	血缘
152	圣寿宝塔	全国重点	古建筑	宋	长乐市吴航镇	地缘

序号	名 称	保护级别	类 别	年 代	座落地点	涉台渊源类型
153	显应宫泥塑	全国重点	石刻及造像	明~清	长乐市漳港镇仙歧村	文缘
154	"九头马"民居	省级	古建筑	清	长乐市鹤上镇岐阳村	血缘
155	林津龙墓	市县级	古墓葬	宋	长乐市航城街道筹岐村乌岩北侧	血缘
156	琴江旗人街	市县级	古建筑	清	长乐市航城街道琴江村中心	法缘
157	鹤上龙泉寺	市县级	古建筑	清	长乐市鹤上镇上李村五峰山南麓	文缘
158	长乐漳港龙角峰寺	尚未公布为保护单位	古建筑	宋、清	长乐市漳港镇龙峰村	文缘
159	松下妈祖庙	尚未公布为保护单位	古建筑	清	长乐市松下镇松下村	文缘
160	长乐文石天妃庙	尚未公布为保护单位	古建筑	明	长乐市漳头镇文石村	文缘
161	吴航城隍庙	尚未公布为保护单位	古建筑	宋、明	长乐市吴航镇十洋下橹村	文缘
162	长乐洋屿天后宫	尚未公布为保护单位	古建筑	清	长乐市航城镇洋屿村东峰境	文缘
163	梅花天后宫	尚未公布为保护单位	古建筑	清	长乐市梅花镇梅新村	文缘
164	琴江贾氏故居	尚未公布为保护单位	古建筑	清	长乐市航城镇琴江村	血缘
165	琴江贾府	尚未公布为保护单位	古建筑	清、民国	长乐市航城街道琴江村	血缘
166	感恩"九落里"	尚未公布为保护单位	古建筑	清	长乐市古槐镇感恩村	血缘
167	鼓浪屿近代建筑群	全国重点	近现代重要史迹及代表性建筑	清~民国	厦门市思明区鼓浪屿	法缘
168	厦门破狱斗争旧址（思明监狱旧址）	全国重点	近现代重要史迹及代表性建筑	清、民国	厦门市思明区思明南路437号	法缘
169	陈化成墓	全国重点	近现代重要史迹及代表性建筑	清	厦门市思明区梧村金榜山麓	血缘
170	龙头山寨遗址	省级	古遗址	明末清初	厦门市思明区鼓浪屿日光岩内	法缘
171	水操台遗址	省级	古遗址	明末清初	厦门市思明区鼓浪屿日光岩内	法缘
172	南普陀寺	省级	古建筑	清~民国	厦门市思明区滨海街道演武社区五老峰南麓南普陀寺	文缘
173	思明江夏堂	省级	古建筑	清~民国	厦门市思明区	文缘
174	《重兴鼓浪屿三和宫记》摩崖石刻	省级	石刻及造像	清	厦门市思明区鼓新路57号后	法缘

序号	名　称	保护级别	类　别	年　代	座落地点	涉台渊源类型
175	澎湖阵亡将士之灵碑	省级	石刻及造像	清	厦门市思明区开元街道虎溪社区万石植物园中岩寺山门内	法缘
176	鼓浪屿林公馆	省级	近现代重要史迹及代表性建筑	清	厦门市思明区鼓浪屿街道	法缘
177	厦门大学演武亭遗址	市县级	古遗址	明末清初	厦门市思明区厦门大学体育场一带	法缘
178	思明演武池遗址	市县级	古遗址	明末清初	厦门市思明区演武小学西侧	法缘
179	思明嘉兴寨遗址	市县级	古遗址	明末清初	厦门市思明区鸿山公园内	法缘
180	陈黯墓	市县级	古墓葬	唐	厦门市思明区西林观音山北面山腰	血缘
181	思明叶十三郎墓	市县级	古墓葬	南宋	厦门市思明区莲板嘉莲花园旁	血缘
182	陈士京墓	市县级	古墓葬	明末清初	厦门市思明区鼓浪屿鸡山路12号东墙侧	血缘
183	鼓浪屿国姓井	市县级	古建筑	明末清初	厦门市思明区鼓浪屿日光岩延平公园内	法缘
184	南普陀寺乾隆御制碑	市县级	石刻及造像	清	厦门市思明区南普陀寺内	法缘
185	建盖大小担山寨城碑记	市县级	石刻及造像	清	厦门市思明区厦门大学建南大礼堂左侧	法缘
186	何厝"八二三"炮战纪念址	市县级	近现代重要史迹及代表性建筑	现代	厦门市思明区何厝村	法缘
187	思明陈化成故居	市县级	近现代重要史迹及代表性建筑	清	厦门市思明区草浦巷9号	血缘
188	思明陈化成祠	市县级	近现代重要史迹及代表性建筑	清	厦门市思明区公园西路15号东侧	血缘
189	思明叶十五郎墓	尚未公布为保护单位	古墓葬	南宋	厦门市思明区古楼社石埔头巨岩下	血缘
190	吕世宜墓	尚未公布为保护单位	古墓葬	清	厦门市思明区大厝山西南麓	血缘
191	吕肇基夫妇墓	尚未公布为保护单位	古墓葬	明	厦门市思明区龙山工业区谊爱路龟石山下	血缘
192	思明昭惠宫	尚未公布为保护单位	古建筑	清~现代	厦门市思明区洪本部街168号	文缘
193	莲坂叶氏宗祠	尚未公布为保护单位	古建筑	清	厦门市思明区莲坂	血缘
194	思明刘明灯摩崖题刻	尚未公布为保护单位	石刻及造像	清代	厦门市思明区白鹿洞寺内岩石上	法缘

序号	名　称	保护级别	类　别	年　代	座落地点	涉台渊源类型
195	南普陀寺《复疆》石刻	尚未公布为保护单位	石刻及造像	民国	厦门市思明区南普陀寺藏经阁东侧摩崖上	法缘
196	鼓浪屿郑成功诗刻	尚未公布为保护单位	石刻及造像	民国	厦门市思明区鼓浪屿日光岩内	法缘
197	鼓浪屿俞成诗刻	尚未公布为保护单位	石刻及造像	清	厦门市思明区鼓浪屿日光岩内	文缘
198	南普陀寺《如来胜地》石刻	尚未公布为保护单位	石刻及造像	民国	厦门市思明区南普陀寺内	文缘
199	白鹿洞李金惠摩岩石刻	尚未公布为保护单位	石刻及造像	民国	厦门市思明区白鹿洞寺	文缘
200	鼓浪屿林尔嘉菽庄题刻	尚未公布为保护单位	石刻及造像	民国	厦门市思明区鼓浪屿菽庄花园内	文缘
201	鼓浪屿林尔嘉和远而亭原韵诗刻	尚未公布为保护单位	石刻及造像	民国	厦门市思明区鼓浪屿日光岩内	文缘
202	虎溪岩林尔嘉摩崖石刻	尚未公布为保护单位	石刻及造像	民国	厦门市思明区虎溪岩顶峰	文缘
203	鼓浪屿施士洁石刻	尚未公布为保护单位	石刻及造像	民国	厦门市思明区鼓浪屿日光岩内	文缘
204	日光岩《古避暑洞》石刻	尚未公布为保护单位	石刻及造像	清	厦门市思明区鼓浪屿日光岩内	文缘
205	虎溪江呈辉摩崖石刻	尚未公布为保护单位	石刻及造像	清末	厦门市思明区虎溪岩	文缘
206	日光岩《旭亭记》石刻	尚未公布为保护单位	石刻及造像	清	厦门市思明区鼓浪屿日光岩内	文缘
207	台湾同乡会馆旧址	尚未公布为保护单位	近现代重要史迹及代表性建筑	民国	厦门市思明区新华路40号	地缘
208	鼓浪屿怡园	尚未公布为保护单位	近现代重要史迹及代表性建筑	民国	厦门市思明区鼓浪屿福建路24号	法缘
209	思明对金门广播塔	尚未公布为保护单位	近现代重要史迹及代表性建筑	1950年	厦门市思明区莲前街道明发海景苑社区	法缘
210	思明王人骥旧居	尚未公布为保护单位	近现代重要史迹及代表性建筑	民国	厦门市思明区中华街道仁安社区石壁街10号	文缘
211	鼓浪屿林鹤年故居	尚未公布为保护单位	近现代重要史迹及代表性建筑	清	厦门市思明区鼓浪屿福建路24号	文缘
212	鼓浪屿林氏八角楼	尚未公布为保护单位	近现代重要史迹及代表性建筑	民国	厦门市思明区鼓浪屿鹿礁路17～19号	血缘
213	思明郑氏宗祠旧址	尚未公布为保护单位	近现代重要史迹及代表性建筑	清～民国	厦门市思明区思明南路鸿山脚下	血缘
214	莲塘别墅	省级	古建筑	清	厦门市海沧区海沧街道海沧村新街48号	血缘

序号	名　称	保护级别	类别	年代	座落地点	涉台渊源类型
215	东孚郑成功击败陈锦处	尚未公布为保护单位	古遗址	清	厦门市海沧区东孚镇洪塘村洪塘社东北角	法缘
216	慈济北宫遗址	尚未公布为保护单位	古遗址	宋	厦门市海沧区海沧温厝村长园西北方	文缘
217	青礁颜氏始祖墓	尚未公布为保护单位	古墓葬	北宋	厦门市海沧区海沧镇青礁村	血缘
218	霞阳应元宫	尚未公布为保护单位	古建筑	明~现代	厦门市海沧区海沧霞阳村霞阳中路	文缘
219	石囷玉真法院	尚未公布为保护单位	古建筑	清	厦门市海沧区海沧囷瑶石囷村	文缘
220	宁店龙山宫	尚未公布为保护单位	古建筑	清	厦门市海沧区海沧街道温厝村宁店社20号	文缘
221	东孚李氏南山大宗	尚未公布为保护单位	古建筑	宋~现代	厦门市海沧区东孚镇山边村东坂社	血缘
222	青礁颜氏崇恩堂	尚未公布为保护单位	古建筑	元~清	厦门市海沧区海沧镇青礁村青礁社	血缘
223	霞阳杨氏祠堂	尚未公布为保护单位	古建筑	明、清	厦门市海沧区霞阳村霞阳中路	血缘
224	锦里林氏馨竹堂	尚未公布为保护单位	古建筑	明末	厦门市海沧区海沧镇锦里村111号	血缘
225	祥露庄氏祠堂	尚未公布为保护单位	古建筑	明~清	厦门市海沧区祥露村祥露社	血缘
226	海沧崇恩堂	尚未公布为保护单位	古建筑	清	厦门市海沧区海沧街道青礁村后松社	血缘
227	后井周氏家庙	尚未公布为保护单位	古建筑	清	厦门市海沧区海沧街道后井村衙里社	血缘
228	高崎寨遗址	市县级	古遗址	明末清初	厦门市湖里区禾山镇高崎村西	法缘
229	五通渡头遗址	市县级	古遗址	宋	厦门市湖里区金山街道五通社区	商缘
230	薛令之墓	市县级	古墓葬	唐	厦门市湖里区禾山镇上忠村	血缘
231	陈夷则墓	市县级	古墓葬	唐	厦门市湖里区江头厦门师范学校后	血缘
232	陈俦墓	市县级	古墓葬	唐	厦门市湖里区乌石浦村内北部	血缘
234	陈喜墓	市县级	古墓葬	唐	厦门市湖里区后坑村西	血缘
235	叶孔荣墓	尚未公布为保护单位	古墓葬	明	厦门市湖里区东山社	血缘
236	孙朱墓	尚未公布为保护单位	古墓葬	北宋~现代	厦门市湖里区高林街道东宅社鸡山西南	血缘
237	陈宝夫妇墓	尚未公布为保护单位	古墓葬	南宋	厦门市湖里区殿前社	血缘
238	陈继周夫妇墓	尚未公布为保护单位	古墓葬	南宋	厦门市湖里区殿前社	血缘

序 号	名 称	保护级别	类 别	年 代	座落地点	涉台渊源类型
307	同安岳伯坊	市县级	古建筑	明	厦门市同安区大同街道后炉社区后炉街	文缘
308	同安郡马府	市县级	古建筑	宋、明	厦门市同安区大同街道办事处铺前村岭下	血缘
309	同安林希元祠	市县级	古建筑	明	厦门市同安区孔庙右侧	血缘
310	吕纬堂墓	尚未公布为保护单位	古墓葬		厦门市同安区祥平街道卿朴村北面	法缘
311	纪许国墓	尚未公布为保护单位	古墓葬	明	厦门市同安区洪塘镇龙东社区西北	法缘
312	陈复道墓	尚未公布为保护单位	古墓葬	明	厦门市同安区西柯乡丙洲村	血缘
313	陈均明墓	尚未公布为保护单位	古墓葬	明	厦门市同安区五显镇碗窑村	血缘
314	陈直毅墓	尚未公布为保护单位	古墓葬	明	厦门市同安区西柯乡丙洲村	血缘
315	同安叶郡马墓	尚未公布为保护单位	古墓葬	元	厦门市同安区大同街道办事处碧岳村自来水厂内	血缘
316	许潆墓	尚未公布为保护单位	古墓葬	明	厦门市同安区新民镇西山大榕村南	血缘
317	蔡献臣墓	尚未公布为保护单位	古墓葬	明	厦门市同安区大同街道办事处岳口村铺前社后山	血缘
318	陈文威墓	尚未公布为保护单位	古墓葬	明	厦门市同安区西柯乡丙洲村	血缘
319	陈有瑞墓	尚未公布为保护单位	古墓葬	明	厦门市同安区西柯乡丙洲村	血缘
320	叶鹤墓	尚未公布为保护单位	古墓葬	明	厦门市同安区五显镇垵炉村五显宫自然村东南	血缘
321	周慎荐墓	尚未公布为保护单位	古墓葬	明	厦门市同安区新民镇后坂村高浦自然村西北村边	血缘
322	吕潜溪墓	尚未公布为保护单位	古墓葬	明	厦门市同安区新民镇土楼村	血缘
323	西浦蔡牵故居	尚未公布为保护单位	古建筑	清	厦门市同安区西柯镇西浦村新厝顶里47号	法缘
324	同安许氏家庙	尚未公布为保护单位	古建筑	清	厦门市同安区大同街道后炉社区旧三秀路113号	法缘
325	丙洲昭应宫	尚未公布为保护单位	古建筑	明~清	厦门市同安区丙洲村	文缘
326	同安陈沧江故居	尚未公布为保护单位	古建筑	明、清	厦门市同安区大同街道田洋村田洋前宅里99~102号	文缘
327	同安南门妈祖庙	尚未公布为保护单位	古建筑	清	厦门市同安区大同街道三秀社区南门路4号	文缘
328	东山蔡献臣故居	尚未公布为保护单位	古建筑	明	厦门市同安区大同街东山村后亭	血缘
329	铺前贞节坊	尚未公布为保护单位	古建筑	明	厦门市同安区大同街道办事处碧岳铺前里6号	血缘

序号	名称	保护级别	类别	年代	座落地点	涉台渊源类型
284	西井陈氏祖祠	尚未公布为保护单位	古建筑	清	厦门市集美区后溪镇前进村西井自然村	血缘
285	兑山李氏家庙	尚未公布为保护单位	古建筑	明	厦门市集美区侨英街道兑山居委会主厝后	血缘
286	仑上黄氏家庙	尚未公布为保护单位	古建筑	明	厦门市集美区后溪镇仑上村仑上自然村	血缘
287	溪西杨氏宗祠	尚未公布为保护单位	古建筑	明	厦门市集美区后溪镇溪西村上房自然村	血缘
288	陈井定光堂	尚未公布为保护单位	古建筑	清	厦门市集美区灌口镇陈井村	血缘
289	深青茂林庵	尚未公布为保护单位	古建筑	清	厦门市集美区灌口镇深青村	血缘
290	英村汪氏家庙	尚未公布为保护单位	古建筑	明	厦门市集美区后溪镇英村居委会英村社	血缘
291	銮井陈氏家庙	尚未公布为保护单位	古建筑	明	厦门市集美区杏滨街道马銮村马銮社	血缘
292	大社陈氏祠堂	尚未公布为保护单位	古建筑	清	厦门市集美区集美街道浔江社区祠前路5号旁	血缘
293	绩光铜柱坊	省级	古建筑	清	厦门市同安区大同街道顶溪头社区环城东路	法缘
294	同安孔庙	省级	古建筑	清	厦门市同安区同安城东溪西畔	文缘
295	芦山堂	省级	古建筑	清	厦门市同安区大同街道办事处洗墨池23号	血缘
296	陈沧江墓	市县级	古墓葬	明	厦门市同安区五显镇后烧村	血缘
297	林希元墓	市县级	古墓葬	明	厦门市同安西柯镇豪岭坑内村北	血缘
298	黄文炤墓	市县级	古墓葬	清	厦门市同安区五显镇溪西村（竹坝农场）黄坂山	血缘
299	南山吕氏古墓葬群	市县级	古墓葬	明	厦门市同安区新民镇南山村观音山西北及西南山麓	血缘
300	同安施氏大厝	市县级	古建筑	清	厦门市同安区祥平街道祥平社区霞路里60号	法缘
301	同安吴必达故居	市县级	古建筑	清	厦门市同安区大同街道溪边社区溪边街175号	法缘
302	同安大元殿	市县级	古建筑	清	厦门市同安区祥平街道办事处瑶头村	文缘
303	同安碧溪殿	市县级	古建筑	清	厦门市同安区大同街道办事处溪边街溪边社	文缘
304	同安朝元观	市县级	古建筑	明	厦门市同安区大同街道办事处朝元村	文缘
305	蔡复一故居	市县级	古建筑	清	厦门市同安区大同街道办事处环城北路876号	文缘
306	禾山石佛塔	市县级	古建筑	明	厦门市同安区新民镇禾山石佛山	文缘

序号	名　　称	保护级别	类别	年代	座落地点	涉台渊源类型
261	集美寨遗址	市县级	古遗址	明末清初	厦门市集美中学延平楼前	法缘
262	后溪城内城遗址	市县级	古遗址	清代	厦门市集美后溪镇后溪村	法缘
263	张晖夫妇墓	市县级	古墓葬	明	厦门市集美后溪前进村中保自然村	血缘
264	灌口凤山祖庙	市县级	古建筑	清	厦门市集美区灌口镇七甲坡	文缘
265	郑德墓	尚未公布为保护单位	古墓葬	清	厦门市集美区杏林街道高浦社区高浦北路9号旁的黄连木大树下	法缘
266	陈基墓	尚未公布为保护单位	古墓葬	宋、明	厦门市集美区集美街道浔江社区集美学村校门旁	文缘
267	卢经墓	尚未公布为保护单位	古墓葬	明	厦门市集美区东坡曾厝	血缘
268	东辉山口庙	尚未公布为保护单位	古建筑	民国	厦门市集美区灌口镇东辉村徐厝后	文缘
269	苏营皇渡庵	尚未公布为保护单位	古建筑	清	厦门市集美区后溪镇前进村苏营自然村	文缘
270	石兜真德殿	尚未公布为保护单位	古建筑	清、现代	厦门市集美区市第二农场	文缘
271	兑山金鞍山寺	尚未公布为保护单位	古建筑	清、现代	厦门市集美区侨英街道兑山居委会	文缘
272	后溪城隍庙	尚未公布为保护单位	古建筑	清、现代	厦门市集美区后溪镇后溪村城内自然村	文缘
273	仑上极山岩宫	尚未公布为保护单位	古建筑	清、现代	厦门市集美区后溪镇仑上村仑上自然村	文缘
274	灌口泽深宫	尚未公布为保护单位	古建筑	清代以前	厦门市集美区灌口镇深青村	文缘
275	英村南岳祖庙	尚未公布为保护单位	古建筑	清	厦门市集美区后溪镇英村居委会护山埔	文缘
276	东宅玉石宫	尚未公布为保护单位	古建筑	清、现代	厦门市集美区后溪东宅村白石自然村	文缘
277	东安智门院	尚未公布为保护单位	古建筑	清	厦门市集美区侨英街道东安居委会天马山南麓	文缘
278	西井铁炉宫	尚未公布为保护单位	古建筑	清、现代	厦门市集美区后溪前进村西井自然村	文缘
279	孙厝云龙岩宫	尚未公布为保护单位	古建筑	清	厦门市集美区侨英街道孙厝社区乐安南里	文缘
280	李林徵善堂	尚未公布为保护单位	古建筑	清	厦门市集美区灌口镇李林村	血缘
281	板桥张氏家祠	尚未公布为保护单位	古建筑	明	厦门市集美区后溪镇叶厝	血缘
282	阳翟陈氏宗祠	尚未公布为保护单位	古建筑	清、现代	厦门市集美区灌口镇顶许村阳翟湖社	血缘
283	陈井陈氏家庙	尚未公布为保护单位	古建筑	清	厦门市集美区灌口镇陈井村	血缘

序号	名　称	保护级别	类　别	年代	座落地点	涉台渊源类型
239	陈义夫妇墓	尚未公布为保护单位	古墓葬	南宋	厦门市湖里区枋湖机场路东	血缘
240	陈恭献墓	尚未公布为保护单位	古墓葬	元	厦门市湖里区殿前街道高殿社区寨上西部山仔埔	血缘
241	高崎国姓井	尚未公布为保护单位	古建筑	明末清初	厦门市湖里区禾山镇高崎村	法缘
242	枋湖觉性院	尚未公布为保护单位	古建筑	唐~清	厦门市湖里区禾山镇枋湖村	文缘
243	湖里青辰宫	尚未公布为保护单位	古建筑	清	厦门市湖里区禾山安兜	文缘
244	湖里青龙宫	尚未公布为保护单位	古建筑	清	厦门市湖里区禾山林后	文缘
245	高崎万寿宫	尚未公布为保护单位	古建筑	元~清	厦门市湖里区禾山镇高崎村	文缘
246	岭下天泉宫	尚未公布为保护单位	古建筑	清	厦门市湖里区禾山镇岭下村	文缘
247	西仓镇湖宫	尚未公布为保护单位	古建筑	北宋~清	厦门市湖里区高林街道西仓社	文缘
248	后坑资福院	尚未公布为保护单位	古建筑	后唐~民国	厦门市湖里区后坑村后社	文缘
249	薛岭龙源宫	尚未公布为保护单位	古建筑	清	厦门市湖里区江头街道后埔社区后埔社薛岭社	文缘
250	湖里萧氏家庙	尚未公布为保护单位	古建筑	明~清	厦门市湖里区乌石浦社	血缘
251	后坑陈喜祠堂	尚未公布为保护单位	古建筑	唐~清	厦门市湖里区禾山镇后坑村后院埔	血缘
252	湖里继周堂	尚未公布为保护单位	古建筑	南宋~清	厦门市湖里区殿前社	血缘
253	湖里崇本堂	尚未公布为保护单位	古建筑	南宋~清	厦门市湖里区县后社	血缘
254	湖里拱庚堂	尚未公布为保护单位	古建筑	南宋~清	厦门市湖里区后浦社	血缘
255	湖里薛氏宗祠	尚未公布为保护单位	古建筑	北宋~清	厦门市湖里区林后社	血缘
256	嘉禾陈氏大宗祠	尚未公布为保护单位	古建筑	北宋~清	厦门市湖里区浦园社	血缘
257	安兜薛家祖祠	尚未公布为保护单位	古建筑	清	厦门市湖里区禾山安兜	血缘
258	岭下叶氏祠堂	尚未公布为保护单位	古建筑	清代	厦门市湖里区禾山镇岭下村	血缘
259	湖里孙氏家庙	尚未公布为保护单位	古建筑	北宋~民国	厦门市湖里区高林街道西仓社	血缘
260	陈嘉庚墓	全国重点	近现代重要史迹及代表性建筑	1953年	厦门市集美区嘉庚路1号	血缘

序号	名称	保护级别	类别	年代	座落地点	涉台渊源类型
330	同安陈太傅祠	尚未公布为保护单位	古建筑	明~现代	厦门市同安区大同街道办事处后炉街常青路17~19号	血缘
331	丙洲陈氏祠堂	尚未公布为保护单位	古建筑	清	厦门市同安区西柯乡丙洲村	血缘
332	五显颜青云故居	尚未公布为保护单位	古建筑	清	厦门市同安区五显镇军村	血缘
333	同安高氏棋盘厝	尚未公布为保护单位	古建筑	清	厦门市同安区三秀街太守巷41号	血缘
334	瑶头探花第	尚未公布为保护单位	古建筑	清康熙年间	厦门市同安区祥平街道办事处瑶头村	血缘
335	同安陈睿思进士第	尚未公布为保护单位	古建筑	清	厦门市同安区田洋村123号	血缘
336	同安丞相坊	尚未公布为保护单位	古建筑	明	厦门市同安区同安实验小学内	血缘
337	阳翟陈氏家庙	尚未公布为保护单位	古建筑	清	厦门市同安区祥平街道阳翟社区	血缘
338	路下叶成章故居	尚未公布为保护单位	古建筑	清	厦门市同安区汀溪镇路下村新厝78号叶氏支祠旁	血缘
339	西塘张氏祠堂	尚未公布为保护单位	古建筑	清	厦门市同安区新民镇西塘社区祖厝边里村道旁	血缘
340	康浔五柱苏氏祠堂	尚未公布为保护单位	古建筑	清	厦门市同安区大同街道康浔村康浔里136号	血缘
341	丙洲陈化成故居	尚未公布为保护单位	近现代重要史迹及代表性建筑	清代	厦门市同安区西柯乡丙洲村	血缘
342	大嶝金门县政府旧址	省级	近现代重要史迹及代表性建筑	民国	厦门市翔安区大嶝街道田墘社区北里	法缘
343	洪朝选墓	市县级	古墓葬	明~现代	厦门市翔安区新店镇洪厝村南刺柏山	血缘
344	林君升墓	市县级	古墓葬	清	厦门市翔安区马巷镇井头村西	血缘
345	苏益墓	市县级	古墓葬	宋	厦门市翔安区厝镇锄山村蜈蚣仑	血缘
346	马巷元威殿	市县级	古建筑	明~现代	厦门市翔安区马巷镇五甲美街	文缘
347	新店香山岩寺	市县级	古建筑	南宋	厦门市翔安区新店镇香山	文缘
348	马巷城隍庙	市县级	古建筑	清	厦门市翔安区马巷镇同安二中南侧100米	文缘
349	蔡贵易墓	尚未公布为保护单位	古墓葬	明	厦门市翔安区新店镇吕塘村董水社东南狮山	血缘
350	黄肇纶墓	尚未公布为保护单位	古墓葬	唐	厦门市翔安区金柄村	血缘

序号	名　称	保护级别	类别	年代	座落地点	涉台渊源类型
351	蔡复一墓	尚未公布为保护单位	古墓葬	明	厦门市翔安区内厝镇小盈岭南侧	血缘
352	郭环墓	尚未公布为保护单位	古墓葬	清	厦门市翔安区新店镇湖头社区翔安大道	血缘
353	后炉大寮灵宫	尚未公布为保护单位	古建筑	北宋	厦门市翔安区大帽山农场后炉村	文缘
354	小嶝章法寺	尚未公布为保护单位	古建筑	宋~现代	厦门市翔安区小嶝东钟山南麓	文缘
355	小嶝英灵殿	尚未公布为保护单位	古建筑	明末清初	厦门市翔安区小嶝前堡村	文缘
356	洪厝普陀岩	尚未公布为保护单位	古建筑	元	厦门市翔安区新店镇洪厝村杨厝南	文缘
357	垵山林氏家庙	尚未公布为保护单位	古建筑	明~清	厦门市翔安区新店镇垵山村	血缘
358	金柄黄氏大宗祠	尚未公布为保护单位	古建筑	唐~清	厦门市翔安区金柄村	血缘
359	后滨李皆增故居	尚未公布为保护单位	古建筑	清	厦门市翔安区马巷镇后滨村64号	血缘
360	彭厝彭氏家庙	尚未公布为保护单位	古建筑	明~清	厦门市翔安区彭厝村	血缘
361	曾厝陈氏家庙	尚未公布为保护单位	古建筑	清	厦门市翔安区内厝镇曾厝村曾厝自然村东	血缘
362	蔡厝蔡氏家庙	尚未公布为保护单位	古建筑	清	厦门市翔安区新店镇蔡厝社区	血缘
363	黄厝黄氏宗祠	尚未公布为保护单位	古建筑	清	厦门市翔安区内厝镇黄厝村黄厝自然村	血缘
364	古宅黄氏宗祠	尚未公布为保护单位	古建筑	清	厦门市翔安区新圩镇古宅村古宅自然村	血缘
365	东园张氏宗祠	尚未公布为保护单位	古建筑	清	厦门市翔安区新店镇东园社区东园自然村沟仔北125号	血缘
366	翔安"8.23"炮战南京军区总指挥部旧址	尚未公布为保护单位	近现代重要史迹及代表性建筑	1958年	厦门市翔安区新店镇东园社区东园自然村沟仔南28~30号	法缘
367	小嶝喇叭堡	尚未公布为保护单位	近现代重要史迹及代表性建筑	1950年	厦门市翔安区大嶝街道小嶝社区	法缘
368	翔安海峡之声广播电台机房旧址	尚未公布为保护单位	近现代重要史迹及代表性建筑	1970年代	厦门市翔安区大嶝岛	法缘
369	林兆恩墓	省级	古墓葬	明	莆田市城厢区华亭镇苦溪村后角石门山	文缘
370	李富墓	省级	古墓葬	宋	莆田市城厢区常太镇岭下村坪田自然村	血缘
371	东汾五帝庙	省级	古建筑	唐~清	莆田市城厢区灵川镇东进村东汾自然村	文缘
372	游金铬墓	市县级	古墓葬	清	莆田市城厢区东海镇坪洋村东	法缘

序 号	名 称	保护级别	类 别	年 代	座落地点	涉台渊源类型
373	常太横江祖宫	市县级	古建筑	唐~清	莆田市城厢区常太霞山	文缘
374	城厢石室岩寺	市县级	古建筑	宋~清	莆田市城厢区凤凰山中部	文缘
375	南湖龙山宫	市县级	古建筑	明	莆田市城厢区华亭镇南湖村	文缘
376	城厢端明殿	市县级	古建筑	清	莆田市城厢区东海东沙	血缘
377	吴英墓	尚未公布为保护单位	古墓葬	清	莆田市城厢区灵川镇山门村	法缘
378	圆头龚以敏民居	尚未公布为保护单位	古建筑	清	莆田市城厢区华亭镇圆头村前社	法缘
379	安福耀明庙	尚未公布为保护单位	古建筑	清	莆田市城厢区安福村	文缘
380	郑樵墓	省级	古墓葬	宋	莆田市白沙镇白沙村	文缘
381	江口东岳观	省级	古建筑	清	莆田市涵江区江口镇江口社区江口街	文缘
382	涵江黄氏民居	省级	古建筑	明、清	莆田市涵江区涵东街道霞徐社区大宫前路25号、游巷2号	血缘
383	涵江江氏民居	省级	古建筑	清	莆田市涵江区秋芦镇梅洋村	血缘
384	涵江天妃宫	市县级	古建筑	清	莆田市涵江区涵东办霞徐居委会	文缘
385	黄霞黄冈祠	市县级	古建筑	清	莆田市涵江区国欢镇黄霞村黄巷自然村	文缘
386	南埕三真宫	市县级	古建筑	清	莆田市涵江区白塘镇南埕村	文缘
387	涵江延宁宫	市县级	古建筑	清初	莆田市涵江区涵西办延宁居委会	文缘
389	涵江鲤江庙	市县级	古建筑	清	莆田市涵江区涵西办孝义居委会	文缘
390	江口福海堂	市县级	古建筑	清	莆田市涵江区江口镇江口街	文缘
391	西刘新灵宫	市县级	古建筑	清	莆田市涵江区江口镇西刘村村部东侧	文缘
392	园下关氏祠堂	市县级	古建筑	明	莆田市涵江区江口镇园下村	血缘
393	西刘公刘祠	尚未公布为保护单位	古建筑	清	莆田市涵江区江口镇西刘村北片83号	血缘
394	元妙观三清殿	全国重点	古建筑	宋	莆田市荔城区梅园东路391号	文缘
395	浦口宫	省级	古建筑	清	莆田市荔城区黄石镇江东村中境自然村	文缘
396	谷城宫	省级	古建筑	明、清	莆田市荔城区黄石镇水南村山兜自然村	文缘
397	太湖祠	省级	古建筑	明	莆田市荔城区黄石镇井后村井埔自然村	文缘
398	黄石文庙	省级	古建筑	明、清	莆田市荔城区黄石镇黄石村中心小学内	文缘

序号	名　称	保护级别	类　别	年　代	座落地点	涉台渊源类型
399	兴化府城隍庙	省级	古建筑	明	莆田市荔城区镇海街道梅峰居委会庙前路	文缘
400	蒲坂郑氏宗祠	省级	古建筑	明	莆田市荔城区新度镇蒲坂村后郑自然村	血缘
401	黄滔祠	省级	古建筑	元、明	莆田市荔城区镇海街道英龙居委会东里巷	血缘
402	大宗伯第	省级	古建筑	明	莆田市荔城区镇海街道长寿居委会梅园路	血缘
403	吴祭墓	市县级	古墓葬	唐	莆田市荔城区黄石镇水南村	血缘
404	黄石定庄堡	市县级	古建筑	清	莆田市荔城区黄石镇定庄村	法缘
405	水南吴祭祠	市县级	古建筑	明	莆田市荔城区黄石镇水南村	文缘
406	荔城瑞云祖庙及戏台	市县级	古建筑	明	莆田市荔城区拱辰社区头亭自然村	文缘
407	碗洋关圣庙	市县级	古建筑	宋	莆田市荔城区西天尾镇碗洋村	文缘
408	镇海东山祖祠	市县级	古建筑	明	莆田市荔城区镇海街道东岩山南麓	文缘
409	亭下天后宫	市县级	古建筑	清	莆田市荔城区黄石镇亭下村	文缘
410	厝柄龙津庙	市县级	古建筑	清	莆田市荔城区新度镇厝柄村	文缘
411	水南重兴寺	市县级	古建筑	清	莆田市荔城区黄石镇水南村	文缘
412	镇海妈祖行宫	市县级	古建筑	明、清	莆田市荔城区镇海街道东岩山	文缘
413	龙山三台拱曜	市县级	古建筑	宋至近代	莆田市荔城区西天尾镇龙山村	血缘
414	濠浦陈裕清故居	市县级	古建筑	民国	莆田市荔城区拱辰街道濠浦村	血缘
415	黄石朱氏大宗祠	市县级	古建筑	明、清	莆田市荔城区黄石镇井后村	血缘
416	镇海英惠社	尚未公布为保护单位	古建筑	明	莆田市荔城区镇海街道英龙英惠巷	文缘
417	湄洲妈祖祖庙	全国重点	古建筑	清、近代	莆田市秀屿区湄洲岛宫下村	文缘
418	东吴石塔	省级	古建筑	明	莆田市秀屿区东埔镇东吴村	商缘
419	平海天后宫	省级	古建筑	清	莆田市秀屿区平海镇平海村	文缘
420	贤良港天后祖祠	省级	古建筑	清	莆田市秀屿区山亭乡港里村	文缘
421	湄洲麟山宫	省级	古建筑	清	莆田秀屿区湄洲岛湄洲镇下山村宫兜自然村麟山路185号	文缘
422	莆禧城墙（含莆禧城隍庙、天妃宫）	省级	古建筑	清	莆田市秀屿区山亭乡莆禧村	文缘

序号	名　称	保护级别	类　别	年　代	座落地点	涉台渊源类型
423	平海卫城隍庙	省级	古建筑	明、清	莆田市秀屿区平海镇平海村	文缘
424	青峰岩摩崖石刻	省级	石刻及造像	宋~清	莆田市秀屿区东庄镇秀屿村	文缘
425	秀田林贞明墓	市县级	古墓葬	明	莆田市秀屿区忠门镇秀田村	血缘
426	吉城吉了寨	市县级	古建筑	宋	莆田市秀屿区东埔镇吉城村	地缘
427	后温水仙宫	市县级	古建筑	清	莆田市秀屿区埭头镇后温村	文缘
428	平海玉霄宫	市县级	古建筑	清	莆田市秀屿区平海镇平海村	文缘
429	东峤蒲弄宫	市县级	古建筑	明	莆田市秀屿区东峤镇梁厝村	文缘
430	东庄壶南祠	市县级	古建筑	明崇祯年间	莆田市秀屿区东庄镇营边居委会埔尾自然村	文缘
431	东庄鳌城宫	市县级	古建筑	明、清	莆田市秀屿区东庄镇前云村	文缘
432	东仙紫霄洞崖刻	市县级	石刻及造像	明~清	莆田市秀屿区山亭镇东仙村	文缘
433	石盘乱石山遗址	尚未公布为保护单位	古遗址	青铜时代	莆田市秀屿区南日乡石盘村东	地缘
434	后郑鲎尾寨遗址	尚未公布为保护单位	古遗址	青铜时代	莆田市秀屿区埭头镇后郑村西	地缘
435	平海彰善庙遗址	尚未公布为保护单位	古遗址	清	莆田市秀屿区平海镇平海村	文缘
436	灵慈东、西宫	尚未公布为保护单位	古建筑	清、近代	莆田市秀屿区山亭乡港里村	文缘
437	象山陈靖姑祖庙	尚未公布为保护单位	古建筑	清	莆田市秀屿区东庄镇象山	文缘
438	港里黄氏民居	尚未公布为保护单位	古建筑	清	莆田市秀屿区山亭乡港里村	血缘
439	天中万寿塔	全国重点	古建筑	宋	仙游县枫亭镇辉煌村塔斗山上	商缘
440	蔡襄墓	省级	古墓葬	宋	仙游县枫亭镇铺头社区锦岭自然村	血缘
441	万寿观	省级	古建筑	清	仙游县鲤城街道城内社区仙游一中校内	文缘
442	龙纪寺	省级	古建筑	清	仙游县盖尾镇后山村院里自然村	文缘
443	仙游文庙	省级	古建筑	清	仙游县鲤城街道城内社区师范路1号	文缘
444	枫亭麟山宫	省级	古建筑	清	仙游县枫亭镇麟山村秀郊自然村	文缘
445	玉新书院壁画	省级	石刻及造像	1950年	仙游县榜头镇龙腾村过坑自然村	文缘
446	仙游田圣府	市县级	古建筑	清	仙游县鲤城街道办洪桥街龙井巷	文缘

序号	名 称	保护级别	类 别	年 代	座落地点	涉台渊源类型
447	仙游天后宫	市县级	古建筑	清	仙游县鲤城街道洪桥社区拱桥头	文缘
448	潭边龙井宫	市县级	古建筑	清	仙游县度尾镇潭边村新亭自然村门牌13号	文缘
449	仙游兴贤庙	市县级	古建筑	清	仙游县鲤城街道南桥社区南门桥边	文缘
450	吴瑛墓碑亭	市县级	石刻及造像	清	仙游县枫亭镇霞街村	法缘
451	竹庄小学教学楼	市县级	近现代重要史迹及代表性建筑	清末	仙游县榜头镇后庄村竹庄自然村	文缘
452	仙游朝天宫	尚未公布为保护单位	古建筑	明、清	仙游县鲤城街道办南桥街迎薰路北侧	文缘
453	仙游东桥旧宫	尚未公布为保护单位	古建筑	清	仙游县榜头镇东桥村	文缘
454	象星岳王庙	尚未公布为保护单位	古建筑	清	仙游县菜溪乡象星村洋头自然村	文缘
455	霞溪刘氏祠堂	尚未公布为保护单位	古建筑	清	仙游县度尾镇霞溪村亭桥自然村	血缘
456	城内林氏宗祠	尚未公布为保护单位	古建筑	清	仙游县鲤城街道城内社区济川巷31号	血缘
457	前连连氏祠堂	尚未公布为保护单位	古建筑	清	仙游县盖尾镇前连村尾厝自然村	血缘
458	马仰斋神道碑	尚未公布为保护单位	石刻及造像	清	仙游县枫亭镇梅岭庙	法缘
459	王希平墓	尚未公布为保护单位	近现代重要史迹及代表性建筑	1987年	仙游县榜头镇后庄村竹庄自然村	血缘
460	竹庄王氏民居	尚未公布为保护单位	近现代重要史迹及代表性建筑	清末	仙游县榜头镇后庄村竹庄自然村	血缘
461	正顺庙	全国重点	古建筑	明	三明市梅列区列西街1号	文缘
462	列东尚义祠	市县级	古建筑	明	三明市梅列区徐碧街道列东村	文缘
463	万寿岩遗址	全国重点	古遗址	旧石器时代	三明市三元区岩前镇岩前村	地缘
464	岩前百阶冢	省级	古墓葬	元	三明市三元区岩前镇岩前村当豪坑山坡上	血缘
465	垂裕祠	省级	古建筑	明	三明市三元区城东乡荆东村三明学院内	血缘
466	忠山永兴庵	市县级	古建筑	明	三明市三元区岩前镇忠山村	文缘
467	忠山先贤祠	市县级	古建筑	清	三明市三元区岩前镇忠山村	文缘
468	吉口英烈庙	市县级	古建筑	清	三明市三元区岩前镇吉山村	文缘

序号	名　称	保护级别	类　别	年　代	座落地点	涉台渊源类型
469	忠山楚三公祠	市县级	古建筑	清	三明市三元区岩前镇忠山村	血缘
470	西际树德堂	市县级	古建筑	清	三明市三元区莘口镇西际村	血缘
471	龙安崇德祠	市县级	古建筑	清	三明市三元区莘口镇龙泉村龙安自然村	血缘
472	南山遗址	省级	古遗址	青铜时代	明溪县城关乡上坊村北	地缘
473	龙湖德星坊	市县级	古建筑	明、清	明溪县瀚仙镇龙湖村	文缘
474	胡坊李家大厝	尚未公布为保护单位	古建筑	清	明溪县胡坊镇胡坊村	血缘
475	清流狐狸洞古人类化石地点	省级	古遗址	新石器时代	清流县沙芜乡洞口村东北	地缘
476	瑀公庙	省级	古建筑	明	清流县长校镇荷坑村东山村	文缘
477	青州巫公庄屋	省级	古建筑	清	清流县嵩溪镇农科村	血缘
478	里田罗氏家庙	省级	古建筑	清	清流县里田乡里田村	血缘
479	南山马氏宗祠	省级	古建筑	清	清流县赖坊乡南山村	血缘
480	巫罗俊镇将墓	市县级	古墓葬	五代、清	清流县嵩溪黄沙口村	血缘
481	伍廷宰墓	市县级	古墓葬	明万历年间	清流县沙芜乡矶头村沙库尾背后山	血缘
482	江坊贻榖堂	市县级	古建筑	清	清流县长校镇江坊村	血缘
483	李敬寿墓	尚未公布为保护单位	古墓葬	宋	清流县温郊乡包地村	血缘
484	马发龙墓	尚未公布为保护单位	古墓葬	唐	清流县赖坊乡赖武村江下坂组马岐山下	血缘
485	姚坊黄寿华祖屋	尚未公布为保护单位	古建筑	清	清流县灵地镇姚坊村	血缘
486	长校李氏大宗祠	尚未公布为保护单位	古建筑	清	清流县长校镇长校村	血缘
487	官坊阳崇公祠	尚未公布为保护单位	古建筑	清	清流县赖坊乡官坊村西北部	血缘
488	陈塘修齐堂	省级	古建筑	清	宁化县石壁镇陈塘村陈塘湾24号	法缘
489	豫章书院	省级	古建筑	清	宁化县翠江镇小溪村小溪边131号	文缘
490	石壁张氏家庙	省级	古建筑	清	宁化县石壁镇石壁村枫树下	血缘
491	罗令纪墓	市县级	古墓葬	清	宁化县湖村镇店上村丰畲自然村沙坪山	血缘
492	滑石风雨桥	市县级	古建筑	明	宁化县曹坊乡滑石村上温村尾	文缘
493	石壁维藩桥与德润亭	市县级	古建筑	明	宁化县石壁镇石壁村口	文缘

序 号	名 称	保护级别	类 别	年 代	座落地点	涉台渊源类型
494	淮阳刘氏家庙	市县级	古建筑	清	宁化县淮土乡淮阳村	血缘
495	宁化东山庵	市县级	古建筑	明、清	宁化县城郊东山桥桥段	文缘
496	石壁张氏下祠	尚未公布为保护单位	古建筑	清	宁化县石壁镇石壁村井下窠	血缘
497	杨边杨氏家庙	尚未公布为保护单位	古建筑	明	宁化县石壁镇杨边村公路旁	血缘
498	治平邓氏家庙	尚未公布为保护单位	古建筑	清代	宁化县治平乡	血缘
499	禾坑廖氏家庙	尚未公布为保护单位	古建筑	明末	宁化县淮土乡禾坑村	血缘
500	沿口古戏台	尚未公布为保护单位	古建筑	清	宁化县水茜乡沿口村	文缘
501	根竹徐氏家庙	尚未公布为保护单位	古建筑	清	宁化县曹坊乡根竹村	血缘
502	翠江谢氏家庙	尚未公布为保护单位	古建筑	清	宁化县翠江镇上进路	血缘
503	孙坑孙氏家庙	尚未公布为保护单位	古建筑	清	宁化县淮土乡孙坑村	血缘
504	坪埔连氏家庙	尚未公布为保护单位	古建筑	清	宁化县治平乡坪埔村	血缘
505	古背黄氏家庙	尚未公布为保护单位	古建筑	清	宁化县济村乡古背村	血缘
506	安寨丘氏家庙	尚未公布为保护单位	古建筑	清	宁化县水茜乡安寨村	血缘
507	坪埔范氏家庙	尚未公布为保护单位	古建筑	清	宁化县治平乡坪埔村	血缘
508	上曹曹氏家庙	尚未公布为保护单位	古建筑	清	宁化县曹坊乡上曹村	血缘
509	武层巫氏宗祠	尚未公布为保护单位	近现代重要史迹及代表性建筑	现代	宁化县济村乡武层村义昌源小组	血缘
510	银丁坂矿冶遗址	省级	古遗址	宋～明	大田县前坪乡黎明村大石磨山	商缘
511	林埔祠	省级	古建筑	清	大田县上京镇桂坑村黄城岬	血缘
512	魁城连氏祖屋	省级	古建筑	清	大田县太华镇魁城村	血缘
513	内洋万应庙	市县级	古建筑	清	大田县屏山乡内洋村	文缘
514	梅里荥阳祠	市县级	古建筑	清	大田县桃源镇梅里村	血缘
515	大田建爱窑	尚未公布为保护单位	古遗址	宋	大田县建设镇建爱村	商缘
516	上丰昭灵宫	尚未公布为保护单位	古建筑	清	大田县济阳乡上丰村	文缘

序号	名 称	保护级别	类 别	年 代	座落地点	涉台渊源类型
517	梓溪禅林祠	尚未公布为保护单位	古建筑	清	大田县吴山乡梓溪村	血缘
518	南溪书院	省级	古建筑	宋、清	尤溪县城关镇水南村西北约250米水南路5号	文缘
519	桂峰蔡氏民居	省级	古建筑	清	尤溪县洋中镇桂峰村	血缘
520	西城卢家大院	省级	近现代重要史迹及代表性建筑	清~民国	尤溪县西城镇团结村	血缘
521	公馆峡民居	省级	近现代重要史迹及代表性建筑	民国	尤溪县新阳镇双鲤村	血缘
522	凌辉墓	市县级	古墓葬	明	尤溪县坂面乡下川村	血缘
523	桂峰蔡氏祖庙	市县级	古建筑	清	尤溪县洋中镇桂峰村	血缘
524	桂峰蔡氏宗祠	市县级	古建筑	清	尤溪县洋中镇桂峰村	血缘
525	卢兴邦墓	尚未公布为保护单位	近现代墓葬	民国	尤溪县梅仙镇源湖村	血缘
526	七尺卢氏宗祠	尚未公布为保护单位	古建筑	清	尤溪县西城镇七尺村	血缘
527	西华施氏宗祠	尚未公布为保护单位	古建筑	清	尤溪县中仙乡西华村	血缘
528	双鲤卢氏祖祠	尚未公布为保护单位	古建筑	民国	尤溪县新阳镇双鲤村	血缘
529	豫章贤祠	省级	古建筑	明、清	沙县城关城西南路346号	血缘
530	陈了斋祠堂	市县级	古建筑	清	沙县城关第一小学校园内	血缘
531	杜坑文斗堂	尚未公布为保护单位	近现代重要史迹及代表性建筑	民国	沙县郑湖乡杜坑村	血缘
532	杨时墓	省级	古墓葬	宋	将乐县水南镇乌石山麓	血缘
533	墈厚土堡	省级	古建筑	清	将乐县白莲镇墈厚村下半村杉树严土岗	文缘
534	光明余氏宗祠	省级	古建筑	清	将乐县光明乡光明村	血缘
535	温坊汤氏宗祠、祖厝	省级	古建筑	宋	将乐县南口乡温坊村	血缘
536	将乐杨氏家祠	省级	古建筑	清	将乐县古镛镇胜利街电信巷	血缘
537	古镛岩仔洞	市县级	古遗址	旧石器时代	将乐县古镛镇梅花村西南面岩仔山	地缘
538	水南将军庙	市县级	古建筑	清	将乐县水南镇四管区	文缘
539	万安妈祖庙	市县级	古建筑	清	将乐县万安镇万安村	文缘
540	水南谢氏宗祠	市县级	古建筑	清	将乐县水南镇溪南路	血缘
541	良地建筑群	市县级	古建筑	清	将乐县万全乡良地村	血缘

序号	名称	保护级别	类别	年代	座落地点	涉台渊源类型
542	将乐擂茶器具烧造窑址群	尚未公布为保护单位	古遗址	唐~现代	将乐县古镛镇、安仁乡、南口乡	文缘
543	黄伯固墓	尚未公布为保护单位	古墓葬	宋	将乐县古镛镇积善村三涧渡	血缘
544	蛟湖杨氏宗祠	尚未公布为保护单位	古建筑	清	将乐县南口乡蛟湖村	血缘
545	增源熊氏祖厝	尚未公布为保护单位	古建筑	清	将乐县大源乡增源村	血缘
546	苦竹跑马菩萨像	尚未公布为保护单位	石刻及造像	清	将乐县古镛镇玉华苦竹村	文缘
547	邹应龙墓	市县级	古墓葬	宋	泰宁县杉城镇杉津桥南的南谷山	血缘
548	邹勇夫墓	市县级	古墓葬	宋	泰宁县杉城镇宝盖岩	血缘
549	杉城邹氏祖屋	市县级	古建筑	明	泰宁县杉城镇红光街	血缘
550	新桥庆云寺遗址	尚未公布为保护单位	古遗址	宋~民国	泰宁县新桥乡峨眉峰峰顶	文缘
551	澜溪瓷窑址	市县级	古遗址	南宋	建宁县伊家乡澜溪村	商缘
552	艾阳慈航故居	尚未公布为保护单位	古建筑	清	建宁县溪口镇艾阳村	文缘
553	罗源黄氏宗祠	尚未公布为保护单位	古建筑	清	建宁县黄埠乡罗源村中坊刘家坪	血缘
554	滩角黄氏祠堂	尚未公布为保护单位	古建筑	明	建宁县里心镇滩角村	血缘
555	上坪古建筑群	尚未公布为保护单位	古建筑	明~清	建宁县溪源乡上坪村	血缘
556	岩上节孝坊	尚未公布为保护单位	古建筑	清乾隆四十四年	建宁县里心镇岩上村	血缘
557	国民党台湾党部旧址——复兴堡	省级	近现代重要史迹及代表性建筑	民国	永安市燕西街道文龙村50号	法缘
558	永安文庙大成殿（福建省立师范学校和福建省政府办公厅旧址）	省级	近现代重要史迹及代表性建筑	明~清、民国	永安市燕东街道忠义社区大同路123号	法缘
559	萃园（福建省卫生处旧址）	省级	近现代重要史迹及代表性建筑	清、民国	永安市燕西街道吉山村文川溪西岸南侧河坑山	血缘
560	集凤陈氏追远堂	市县级	古建筑	清	永安市贡川镇集凤村巫峡头东南	血缘
561	吉山材排厝	市县级	近现代重要史迹及代表性建筑	民国	永安市燕西街道吉山村村中心偏南文川溪北岸	法缘
562	吉山东方月	市县级	近现代重要史迹及代表性建筑	民国	永安市燕西街道吉山村288~290号	法缘

序号	名　称	保护级别	类　别	年代	座落地点	涉台渊源类型
563	吉山刘氏祖屋	尚未公布为保护单位	古建筑	明	永安市燕西街道下吉山村中心	法缘
564	吉山浮桥	尚未公布为保护单位	古建筑	清	永安市燕西街道吉山村西面文川溪之上	法缘
565	下街詹氏靖惠祠	尚未公布为保护单位	近现代重要史迹及代表性建筑	民国	永安市西洋镇下街村龙安路	法缘
566	皇历江王祠	尚未公布为保护单位	古建筑	清	永安市槐南乡皇历村中心西面马尾山	血缘
567	美坂积庆堂民居	尚未公布为保护单位	古建筑	清	永安市小陶镇美坂村文川溪南面的曹田洋	血缘
568	坑源江王祠	尚未公布为保护单位	古建筑	清	永安市大湖镇坑源村西面	血缘
569	东吴罗兜祠	尚未公布为保护单位	古建筑	清	永安市青水畲族乡龙吴村光坑自然村245号	血缘
570	龙吴长庆堂	尚未公布为保护单位	古建筑	清	永安市青水畲族乡龙吴村龙塘自然村140、154、180、181号	血缘
571	吉山棋盘厝	尚未公布为保护单位	近现代重要史迹及代表性建筑	民国	永安市燕西街道吉山村160～167号	法缘
572	吉山凝芳宅	尚未公布为保护单位	近现代重要史迹及代表性建筑	民国	永安市燕西街道吉山村137号	法缘
573	吉山燃藜堂	尚未公布为保护单位	近现代重要史迹及代表性建筑	民国	永安市燕西街道吉山村199号	法缘
574	吉山锡朋屋	尚未公布为保护单位	近现代重要史迹及代表性建筑	民国	永安市燕西街道吉山村212～215号	法缘
575	文龙余氏宗祠	尚未公布为保护单位	近现代重要史迹及代表性建筑	民国	永安市燕西街道文龙村	法缘
576	吉山古街十三行	尚未公布为保护单位	近现代重要史迹及代表性建筑	民国	永安市燕西街道吉山村	法缘
577	吉山定和宅	尚未公布为保护单位	近现代重要史迹及代表性建筑	民国	永安市燕西街道吉山村前街口108～110号	法缘
578	吉山上厝	尚未公布为保护单位	近现代重要史迹及代表性建筑	民国	永安市燕西街道吉山村22号新厝巷	法缘
579	吉山奇讦公屋	尚未公布为保护单位	近现代重要史迹及代表性建筑	民国	永安市燕西街道吉山村	法缘
580	吉山团和厝	尚未公布为保护单位	近现代重要史迹及代表性建筑	民国	永安市燕西街道吉山村	法缘

序号	名　称	保护级别	类别	年代	座落地点	涉台渊源类型
581	吉山刘氏宗祠	尚未公布为保护单位	近现代重要史迹及代表性建筑	民国	永安市燕西街道吉山村	法缘
582	吉山上新厝	尚未公布为保护单位	近现代重要史迹及代表性建筑	民国	永安市燕西街道吉山村28号	法缘
583	吉山民国居住地、防空洞旧址	尚未公布为保护单位	近现代重要史迹及代表性建筑	民国	永安市燕西街道吉山村北陵山麓东侧"春谷"书院	法缘
584	黄历慎修堂	尚未公布为保护单位	近现代重要史迹及代表性建筑	民国	永安市燕南街道黄历村对面河自然村055、056、059号澄湖上坂泉水窟	法缘
585	延爽杨公祠	尚未公布为保护单位	近现代重要史迹及代表性建筑	民国	永安市贡川镇延爽村延城路马公庙右侧	法缘
586	霞鹤黄氏宗祠	尚未公布为保护单位	近现代重要史迹及代表性建筑	民国	永安市曹远镇霞鹤村村部西南面	法缘
587	下渡魏氏家祠	尚未公布为保护单位	近现代重要史迹及代表性建筑	民国	永安市燕西街道下渡村	法缘
588	吉山酒坊	尚未公布为保护单位	近现代重要史迹及代表性建筑	民国	永安市燕西街道吉山村	文缘
589	吉山渡头宅	尚未公布为保护单位	近现代重要史迹及代表性建筑	民国	永安市燕西街道吉山村298、299号	文缘
590	福建省立音乐专科学校旧址	尚未公布为保护单位	近现代重要史迹及代表性建筑	民国	永安市燕西街道上吉山村酒厂内	文缘
591	吉山大夫第	尚未公布为保护单位	近现代重要史迹及代表性建筑	民国	永安市燕西街道吉山村东面后仔坑处	血缘
592	吉山挹秀楼	尚未公布为保护单位	近现代重要史迹及代表性建筑	民国	永安市燕西街道吉山村198号	血缘
593	泉州天后宫	全国重点	古建筑	清	泉州市鲤城区天后路	文缘
594	泉州府文庙	全国重点	古建筑	宋～清	泉州市鲤城区中山中路泮宫内	文缘
595	泉州开元寺	全国重点	古建筑	宋～清	泉州市鲤城区开元街道开元社区西街176号	文缘
596	东华施琅夏园	省级	古建筑	清	泉州市鲤城区鲤中街道东华社区南俊路32号	法缘
597	承天寺	省级	古建筑	宋～清	泉州市鲤城区鲤中街道东华社区	文缘
598	富美宫	省级	古建筑	清	泉州市：鲤城区临江街道新桥社区富美村	文缘

序号	名　称	保护级别	类　别	年　代	座落地点	涉台渊源类型
599	崇福寺	省级	古建筑	宋~清	泉州市鲤城区开元街道红梅社区	文缘
600	花桥慈济宫	省级	古建筑	清	泉州市鲤城区海滨街道水门社区中山南路	文缘
601	通淮关岳庙	省级	古建筑	清、民国	泉州市鲤城区鲤中街道清华社区涂门街112号	文缘
602	安礼逊图书楼	省级	近现代重要史迹及代表性建筑	民国	泉州市鲤城区开元街道开元社区新华西路345号	文缘
603	祖闾苏民居	省级	古建筑	清	泉州市鲤城区海滨街道涂门社区涂门街胭脂巷	文缘
604	泉州黄氏民居	省级	古建筑	清	泉州市鲤城区鲤中街道和平社区镇抚巷内	血缘
605	泉州锡兰侨民居	省级	古建筑	清	泉州市鲤城区鲤中街道清华社区涂门街	血缘
606	王顺兴信局旧址	省级	近现代重要史迹及代表性建筑	清~民国	泉州市鲤城区江南街道王宫社区王宫街	文缘
607	鲤城石笋桥及碑刻	市县级	古建筑	北宋	泉州市鲤城区浮桥社区黄甲街	法缘
608	鲤城奉圣宫	市县级	古建筑	明	泉州市鲤城区西街577号	文缘
609	百源铜佛寺	市县级	古建筑	清	泉州市鲤城区鲤中街道百源社区百源路68号	文缘
610	鲤中上帝宫	尚未公布为保护单位	古建筑	明	泉州市鲤城区鲤中街道清正社区上帝巷	文缘
611	鲤中元妙观	尚未公布为保护单位	古建筑	西晋	泉州市鲤城区东街新府口	文缘
612	承天巷陈府	尚未公布为保护单位	古建筑	明	泉州市鲤城区鲤中街道和平居委会承天巷	血缘
613	鲤城洪氏大宗祠	尚未公布为保护单位	古建筑	清	泉州市鲤城区温陵路	血缘
614	王审邦墓	省级	古墓葬	唐	泉州市丰泽区华大街道新铺社区	法缘
615	开元寺祖师塔及黄守恭墓	省级	古墓葬	唐~明	泉州市丰泽区北峰街道办事处北峰社区	文缘
616	丁氏回族墓群	省级	古墓葬	明	泉州市丰泽区东湖街道凤山社区	血缘
617	急功尚义坊	省级	古建筑	清	泉州市丰泽区东湖街道凤山社区凤山山麓	法缘
618	蟳埔顺济宫	省级	古建筑	明、清	泉州市丰泽区东海街道蟳埔社区	文缘
619	弘一法师舍利塔	省级	近现代重要史迹及代表性建筑	1952年	泉州市丰泽区清源街道清源社区清源山	文缘

序号	名　称	保护级别	类别	年代	座落地点	涉台渊源类型
620	北峰郑成功焚青衣处	市县级	古遗址	清	泉州市丰泽区北峰街道招联社区	法缘
621	魏九郎墓	市县级	古墓葬	元	泉州市丰泽区华大街道城东社区碗窑自然村	血缘
622	丰泽施琅墓道碑	市县级	古建筑	清	泉州市丰泽区华大街道法花美社区90号北侧	法缘
623	美山天妃宫	市县级	古建筑	明	泉州市丰泽区东海街道法石社区美山自然村	文缘
624	法石文兴宫	市县级	古建筑	清	泉州市丰泽区东海街道法石社区文兴自然村	文缘
625	城东魏氏家庙	市县级	古建筑	明、清	泉州市丰泽区城东街道西福社区	血缘
626	仙公山摩崖石刻	省级	石刻及造像	宋～清	泉州市洛江区马甲镇仙公山	文缘
627	万正色墓	市县级	古墓葬	清	泉州市洛江区双阳镇前埯村万厝山	法缘
628	洛江镇海宫	尚未公布为保护单位	古建筑	清	泉州市洛江区万安街道桥南街461号	文缘
629	沙格灵慈宫	省级	古建筑	清	泉州市泉港区南埔镇沙格村	文缘
630	林禄墓	市县级	古墓葬	东晋	泉州市泉港区涂岭镇下炉村	血缘
631	松岩虎岩寺	市县级	古建筑	宋～清	泉州市泉港区涂岭镇松园村虎岩自然村	文缘
632	城峰东岳庙	市县级	古建筑	宋～清	泉州市泉港区峰尾镇城峰村	文缘
633	前欧乌石宫	市县级	古建筑	明	泉州市泉港区涂岭镇前欧村	文缘
634	凤山连氏家庙	市县级	古建筑	清	泉州市泉港区前黄镇凤山村	血缘
635	崇武古城	全国重点	古建筑	明	惠安县崇武镇	法缘
636	洛阳桥	全国重点	古建筑	宋	惠安县洛阳镇万安村	文缘
637	王潮墓	省级	古墓葬	唐	惠安县螺阳镇盘龙村	血缘
638	回族郭仲远墓	省级	古墓葬	明	惠安县百崎乡下埭村	血缘
639	净峰寺弘一法师旧居	省级	近现代重要史迹及代表性建筑	民国	惠安县净峰镇山透村	文缘
640	惠安孔庙	省级	古建筑	清	惠安县螺城镇西北社区	文缘
641	青山宫	省级	古建筑	清	惠安县山霞镇青山村	文缘
642	洪范墓	市县级	古墓葬	清	惠安县黄塘镇后店村	法缘
643	庄兆璋墓	市县级	古墓葬	明	惠安县张坂村大坪村大坪山上	血缘
644	施世纶墓	市县级	古墓葬	清	惠安县黄塘镇许田村顶庭山	血缘
645	张坂黄忠墓	市县级	古墓葬	唐	惠安县张坂镇后边村美女峰之麓	血缘

序号	名　称	保护级别	类　别	年　代	座落地点	涉台渊源类型
725	官桥柯氏宗祠	尚未公布为保护单位	古建筑	清	安溪县官桥镇碧二村	血缘
726	西坪瑞祥堂	尚未公布为保护单位	古建筑	明	安溪县西坪镇西坪村	血缘
727	进德林氏宗祠	尚未公布为保护单位	古建筑	清	安溪县蓝田乡进德村	血缘
728	安溪詹公祠（詹敦仁纪念馆）	尚未公布为保护单位	近现代重要史迹及代表性建筑	现代	安溪县凤城镇先声村	文缘
729	洋上新坂堂	省级	古建筑	清	永春县桃城镇洋上村南墘	血缘
730	仙岭德兴堂	市县级	近现代重要史迹及代表性建筑	民国	永春县蓬壶镇仙岭村	商缘
731	五里街嘉德祠	市县级	古建筑	清代	永春县五里街镇儒林村	血缘
732	枣岭林氏祠堂	尚未公布为保护单位	古建筑	清代	永春县吾峰镇枣岭村	血缘
733	魁斗谢氏祠堂	尚未公布为保护单位	古建筑	元、清	永春县坑仔口镇魁斗村	血缘
734	洋上余承尧故居	尚未公布为保护单位	古建筑	清	永春县桃城镇洋上村	血缘
735	洋上余氏祠堂	尚未公布为保护单位	古建筑	清	永春县桃城镇洋上村	血缘
736	屈斗宫德化窑遗址（含南坑窑址）	全国重点	古遗址	宋~清	德化县龙浔、浔中、三班、盖德镇，南安市东田镇南坑村	商缘
737	九仙山弥勒石刻造像	省级	石刻及造像	宋、元	德化县上涌镇桂格村九仙山	文缘
738	郑兼才墓	市县级	古墓葬	清	德化县三班镇桥内村	法缘
739	曾宏墓	市县级	古墓葬	北宋	德化县浔中镇石山村	血缘
740	赤水戴云寺	市县级	古建筑	清	德化县赤水镇戴云村	文缘
741	水口石壶寺	市县级	古建筑	明、清	德化县水口镇石牛山	文缘
742	上漈龙湖寺	市县级	古建筑	清	德化县美湖乡上漈村	文缘
743	石山科荣堂	市县级	古建筑	清	德化县浔中镇石山村	血缘
744	泗滨颜仁郁故居	市县级	古建筑	清	德化县三班镇泗滨村	血缘
745	蔡径月记龙窑作坊	尚未公布为保护单位	古遗址	清	德化县三班镇蔡径村	商缘
746	吉岭灵水祖师之母墓塔	尚未公布为保护单位	古建筑	宋	德化县赤水镇吉岭村	文缘
747	格头连氏祖厝	尚未公布为保护单位	古建筑	明	德化县国宝乡格头村	血缘
748	三班郑氏光裕堂	尚未公布为保护单位	古建筑	明、清	德化县三班镇三班村	血缘
749	龙浔"金成门"石匾	尚未公布为保护单位	石刻及造像	清	德化县龙浔镇宝美街	法缘

序号	名　称	保护级别	类　别	年　代	座落地点	涉台渊源类型
699	詹敦仁墓	市县级	古墓葬	北宋	安溪县许华乡美西村	血缘
700	长坑崇德书院	市县级	古建筑	清	安溪县长坑乡	文缘
701	湖头泰山岩	市县级	古建筑	清	安溪县湖头镇后溪	文缘
702	砖文福美宫	市县级	古建筑	明	安溪县城厢镇砖文村	文缘
703	安溪城隍庙	市县级	古建筑	清	安溪县凤城镇先声村	文缘
704	官桥双鲤堂	市县级	古建筑	清	安溪县官桥镇五里埔	文缘
705	河美威镇庙	市县级	古建筑	清	安溪县金谷镇河美村	文缘
706	溪榜莫耶故居	市县级	古建筑	清	安溪县金谷镇溪榜村	血缘
707	砖文谢氏宗祠	市县级	古建筑	明、清	安溪县城厢镇砖文村	血缘
708	参内石堂宫	市县级	古建筑	清	安溪县参内乡大厝村	血缘
709	大坪高氏宗祠	市县级	古建筑	明	安溪县大坪乡大坪村	血缘
710	林孺墓	尚未公布为保护单位	古墓葬	清	安溪县湖头镇竹山村小学边	血缘
711	李日煌宅	尚未公布为保护单位	古建筑	清	安溪县湖头镇湖二村	文缘
712	金山长福厝	尚未公布为保护单位	古建筑	清	安溪县金谷镇金山村	商缘
173	寮山九玄宫	尚未公布为保护单位	古建筑	清	安溪县龙门镇寮山村	文缘
714	祜水四斗厝	尚未公布为保护单位	古建筑	清	安溪县参内镇祜水村	血缘
715	大厝黄氏宗祠群	尚未公布为保护单位	古建筑	明、清	安溪县参内乡大厝村	血缘
716	湖头荣东庙	尚未公布为保护单位	古建筑	明、清	安溪县湖头镇福寿村	血缘
717	湖头攸跻堂	尚未公布为保护单位	古建筑	清	安溪县湖头镇后溪村	血缘
718	芦田林鹤年故居	尚未公布为保护单位	古建筑	清	安溪县芦田镇芦田村	血缘
719	湖头林孺故居	尚未公布为保护单位	古建筑	清	安溪县湖头镇竹山村顶庵头	血缘
720	驷岭林氏大宗	尚未公布为保护单位	古建筑	明、清	安溪县官桥镇驷岭村	血缘
721	湖西龙踪祖祠	尚未公布为保护单位	古建筑	清	安溪县虎邱镇湖西村	血缘
722	官桥陈氏祖厝	尚未公布为保护单位	古建筑	明	安溪县官桥镇虞宗村	血缘
723	中兴叶氏祖厝	尚未公布为保护单位	古建筑	明	安溪县尚卿乡中兴村	血缘
724	丰田福寿堂	尚未公布为保护单位	古建筑	清	安溪县福田乡丰田村	血缘

序号	名　称	保护级别	类　别	年　代	座落地点	涉台渊源类型
673	群贤庄氏家庙	市县级	古建筑	明	惠安县张坂镇群贤村	血缘
674	螺阳康朗家庙	市县级	古建筑	明～现代	惠安县螺阳镇五音村	血缘
675	白奇郭氏家庙	市县级	古建筑	清	惠安县百崎乡白奇村	血缘
676	下四家陈氏祖厝及书馆	市县级	古建筑	清	惠安县辋川镇辋川街	血缘
677	玉塘孙氏家庙	市县级	古建筑	清	惠安县张坂镇玉塘村	血缘
678	苏坑苏氏宗祠	市县级	古建筑	清	惠安县张坂镇苏坑村	血缘
679	辋川潘氏家庙	市县级	古建筑	清	惠安县辋川镇辋川村	血缘
680	海门何琼玖故居	市县级	古建筑	清	惠安县崇武镇海门村	血缘
681	螺城李恺、李慎乡贤祠	市县级	古建筑	明、清	惠安县螺城镇西北街	血缘
682	狮头张岳家庙	市县级	古建筑	明～清	惠安县净峰镇狮头村	血缘
683	后边黄氏家庙	市县级	古建筑	清	惠安县张坂镇后边村	血缘
684	峰崎何氏宗祠	市县级	古建筑	宋	惠安县辋川镇峰崎村	血缘
685	秀津小学"去思碑"	市县级	石刻及造像	1921年	惠安县东园镇秀涂村	法缘
686	南安一片瓦寺	市县级	石刻及造像	明	惠安县紫山镇南安村一片瓦山顶	文缘
687	港墘"八·六"反围剿纪念碑	市县级	近现代重要史迹及代表性建筑	1987年	惠安县崇武镇港墘村西	法缘
688	大吴吴德彰墓	尚未公布为保护单位	古墓葬	宋	惠安县东桥镇大吴村香山村	血缘
689	崇武码头	尚未公布为保护单位	古建筑	明～现代	惠安县崇武镇龟屿	商缘
690	钱塘典当行建筑群	尚未公布为保护单位	古建筑	清	惠安县螺阳镇钱塘村	商缘
691	五峰薛氏宗祠	尚未公布为保护单位	古建筑	明	惠安县崇武镇五峰村峰前自然村	文缘
692	崇武解放军烈士庙	尚未公布为保护单位	近现代重要史迹及代表性建筑	1993年	惠安县崇武镇西沙湾	法缘
693	安溪县文庙	全国重点	古建筑	清	安溪县凤城镇大同路141号	文缘
694	湖头贤良祠	省级	古建筑	清	泉州市安溪县湖头镇湖二村	法缘
695	石门玉湖殿	省级	古建筑	清	安溪县感德镇石门村	文缘
696	清水岩	省级	古建筑	宋～清	安溪县蓬莱镇蓬莱山	血缘
697	西坪土楼	省级	古建筑	清	安溪县西坪镇赤石村、平原村	文缘
698	李光地墓	市县级	古墓葬	清	安溪县蓬莱镇新林村东南	法缘

序号	名　称	保护级别	类　别	年代	座落地点	涉台渊源类型
646	孙嘉安墓	市县级	古墓葬	宋	惠安县张坂镇埔边村南	血缘
647	何嗣韩墓	市县级	古墓葬	唐	惠安县螺城镇石盘村梅山水库北畔	血缘
648	骆日升墓	市县级	古墓葬	明	惠安县洛阳镇梅岭村涂厝仔自然村	血缘
649	居仁提督府第	市县级	古建筑	清	惠安县辋川镇居仁村	法缘
650	海门武功大夫第	市县级	古建筑	清	惠安县崇武镇海门村	法缘
651	西头龙山书院	市县级	古建筑	元、清	惠安县净峰镇西头村	法缘
652	玉塘埔塘经幢	市县级	古建筑	北宋	惠安县张坂镇玉塘村白云岩山麓	文缘
653	崇武北门灵安宫	市县级	古建筑	明~现代	惠安县崇武镇莲西村	文缘
654	后内正顺王宫	市县级	古建筑	明	惠安县小岞镇后内村	文缘
655	盘龙护龙宫	市县级	古建筑	明~现代	惠安县螺城镇盘龙村	文缘
656	玉园灵源寺	市县级	古建筑	清	惠安县张坂镇玉园村埔塘街自然村	文缘
657	下坑后塘武庙	市县级	古建筑	清	惠安县崇武镇山霞镇下坑村	文缘
658	南赛三山宫	市县级	古建筑	清	惠安县小岞镇南赛村	文缘
659	惠安灵惠庙	市县级	古建筑	明~清	惠安县辋川镇鲤鱼岛上	文缘
660	张坂浮山寺	市县级	古建筑	清	惠安县张坂镇浮山村	文缘
661	崇武城南门关帝庙	市县级	古建筑	明	惠安县崇武镇海门村	文缘
662	东园龙溪庙	市县级	古建筑	明	惠安县东园镇下街	文缘
663	西峰后宫	市县级	古建筑	清	惠安县张坂镇浮山村西峰自然村	文缘
664	辋川妈祖庙	市县级	古建筑	明	惠安县辋川镇西街头	文缘
665	獭窟妈祖宫	市县级	古建筑	明	惠安县张坂镇浮山村	文缘
666	洛阳昭惠庙	市县级	古建筑	宋~清	惠安县洛阳镇万安街洛阳桥北	文缘
667	崇武天后宫	市县级	古建筑	明~现代	惠安县崇武镇海门村和西华交界处	文缘
668	下洋凤阳宫	市县级	古建筑	清	惠安县张坂镇玉霞村下洋自然村	文缘
669	万安张氏大夫第	市县级	古建筑	清	惠安县螺阳镇万安村	血缘
670	洛安吴氏宗祠	市县级	古建筑	明	惠安县螺阳镇洛安村	血缘
671	霞张庄承祚故居	市县级	古建筑	清	惠安县螺城镇霞张村	血缘
672	后内李文会宅	市县级	古建筑	宋~现代	惠安县小岞镇后内村	血缘

序号	名 称	保护级别	类 别	年 代	座落地点	涉台渊源类型
750	泉州港古建筑（六胜塔、万寿塔、真武庙、法石文兴渡、法石美山渡）	全国重点	古建筑	宋~元	石狮市永宁镇塔石村宝盖山、蚶江镇石湖村金钗山、蚶江镇石湖半岛；丰泽区东海街道法石社区	商缘
751	永宁城隍庙	省级	古建筑	清	石狮市永宁镇永宁社区	文缘
752	石狮城隍庙	省级	古建筑	清	石狮市区城隍街	文缘
753	新建蚶江海防官署碑记	省级	石刻及造像	清	石狮市蚶江镇蚶江行政村前坡自然村	商缘
754	伍堡戏神墓	市县级	古墓葬	清	石狮市鸿山镇伍堡村	文缘
755	石湖乙甲郭氏回族始祖墓	市县级	古墓葬	明	石狮市蚶江镇石湖村	血缘
756	东埔"四世一品"祠	市县级	古建筑	清	石狮市鸿山镇东埔祠堂区45号	法缘
757	凤里宽仁"南邦寄重"坊	市县级	古建筑	清	石狮市凤里街道馆顶社区	法缘
758	石湖林銮渡	市县级	古建筑	宋	石狮市蚶江镇石湖村	商缘
759	永宁慈航庙	市县级	古建筑	清	石狮市永宁镇永宁社区	商缘
760	蔡仲辉墓	尚未公布为保护单位	近现代墓葬	民国	石狮市蚶江镇莲塘村	文缘
761	永宁粘氏始祖墓	尚未公布为保护单位	古墓葬	明	石狮市永宁镇永宁村	血缘
762	龚名安墓	尚未公布为保护单位	古墓葬	明	石狮市灵秀镇任林村牛眠山北坡	血缘
763	五星许献琛墓	尚未公布为保护单位	近现代墓葬	民国	石狮市凤里街道五星社区山上自然村	血缘
764	玉浦蔡寿星进士第	尚未公布为保护单位	古建筑	清	石狮市宝盖镇玉浦村五片区	法缘
765	蚶江龙显宫	尚未公布为保护单位	古建筑	清	石狮市蚶江镇锦江村	商缘
766	永宁大夫第	尚未公布为保护单位	古建筑	清	石狮市永宁镇永宁社区永宁街70号	商缘
767	永宁五显庙	尚未公布为保护单位	古建筑	清	石狮市永宁镇永宁社区永宁顶街37号	文缘
768	祥渔斗美宫	尚未公布为保护单位	古建筑	清	石狮市祥芝镇祥渔村斗美路口	文缘
769	蚶江忠仁庙	尚未公布为保护单位	古建筑	清	石狮市蚶江镇蚶江村	文缘
770	雪上张氏宗祠	尚未公布为保护单位	古建筑	清	石狮市宝盖镇雪上村	血缘
771	林边洪氏宗祠	尚未公布为保护单位	近现代重要史迹及代表性建筑	民国	石狮市湖滨街道林边社区	血缘
772	蚶江欧阳家庙	尚未公布为保护单位	古建筑	清	石狮市蚶江镇蚶江村	血缘

序号	名　称	保护级别	类　别	年　代	座落地点	涉台渊源类型
773	永宁林氏宗祠	尚未公布为保护单位	古建筑	清	石狮市永宁镇永宁社区永宁街73号	血缘
774	永宁林振嵩民居	尚未公布为保护单位	古建筑	清	石狮市永宁镇永宁社区西门	血缘
775	东埔邱公墓道碑	尚未公布为保护单位	石刻及造像	清	石狮市鸿山镇东埔三村	法缘
776	永宁宁文祠摩崖石刻	尚未公布为保护单位	石刻及造像	清	石狮市永宁镇永宁社区永宁文祠内	法缘
777	莲西重修七星桥碑	尚未公布为保护单位	石刻及造像	清	石狮市蚶江镇莲西村	商缘
778	玉浦寿昌宫碑刻	尚未公布为保护单位	石刻及造像	清	石狮市宝盖镇玉浦村五片区	商缘
779	铺锦集英堂碑刻	尚未公布为保护单位	石刻及造像	清	石狮市宝盖镇铺锦村中截8号	商缘
780	施琅宅、祠、墓	全国重点	古建筑	清~现代	泉州市鲤城区、晋江市、惠安县	法缘
781	安平桥	全国重点	古建筑	宋	晋江市安海镇、南安市水头镇	法缘
782	庵山沙丘遗址	省级	古遗址	青铜时代	晋江市深沪镇坑边村颜厝自然村东北	地缘
783	东石寨	省级	古建筑	明~清	晋江市东石镇第二社区	法缘
784	星塔	省级	古建筑	明~清	晋江市安海镇安东村	法缘
785	东石玉记商行建筑群	省级	古建筑	清	晋江市东石镇四社区	商缘
786	安海龙山寺	省级	古建筑	明、清	晋江市安海镇型厝村	文缘
787	围头毓秀楼	市县级	近现代重要史迹及代表性建筑	民国	晋江市金井镇围头村	法缘
788	南春宝泉庵	市县级	古建筑	明~现代	晋江市深沪镇南春村	文缘
789	港阜崇真殿	市县级	古建筑	宋~现代	晋江市深沪镇港阜村	文缘
790	东石三公宫	市县级	古建筑	明~现代	晋江市东石镇四居龙江东路	文缘
791	东石天妃宫	市县级	古建筑	清~民国	晋江市东石镇第一居委会	文缘
792	檗古黄氏大宗祠	市县级	古建筑	南宋~民国	晋江市东石镇檗古村	血缘
793	龙湖"重修龙王庙记"碑	市县级	石刻及造像	清	晋江市龙湖镇龙玉村龙宫	商缘
794	鸿塔水心亭渡头遗址	尚未公布为保护单位	古遗址	宋	晋江市安海镇鸿塔社区水心禅寺院内	商缘
795	西霞直轩公墓	尚未公布为保护单位	古墓葬	明	晋江市东石镇五居仁和东路	血缘
796	许震瑶墓	尚未公布为保护单位	古墓葬	宋	晋江市龙湖镇新街炉灶山	血缘

序号	名 称	保护级别	类 别	年 代	座落地点	涉台渊源类型
797	西霞始祖九郎公墓	尚未公布为保护单位	古墓葬	明	晋江市东石镇东埕村后壁山许湖高岸顶	血缘
798	蔡口许氏始祖墓	尚未公布为保护单位	古墓葬	唐	晋江市龙湖镇苏坑蔡口村	血缘
799	蔡十朗墓	尚未公布为保护单位	古墓葬	明	晋江市东石镇第四居委会玉井行政村玉和东路	血缘
800	许天宝墓	尚未公布为保护单位	古墓葬	清	晋江市龙湖镇石龟村狮山	血缘
801	东安尤氏古厝	尚未公布为保护单位	古建筑	清	晋江市深沪镇东安村	商缘
802	后山益源栈	尚未公布为保护单位	古建筑	清	晋江市深沪镇后山村篙仔寮	商缘
803	南春大安三落	尚未公布为保护单位	古建筑	清	晋江市深沪镇南春村三落内	商缘
804	南浔盛吉大厝	尚未公布为保护单位	古建筑	清	晋江市龙湖镇南浔村和平北区	商缘
805	镇江宫六姓王府	尚未公布为保护单位	古建筑	明~现代	晋江市东石镇白沙村白沙头	文缘
806	岩峰崇义庙	尚未公布为保护单位	古建筑	清	晋江市金井镇岩峰小三村	文缘
807	金井东宫古地	尚未公布为保护单位	古建筑	元~现代	晋江市金井镇旧街圣母路	文缘
808	塘东蔡德芳故居	尚未公布为保护单位	古建筑	清	晋江市金井镇塘东村	血缘
809	西霞蔡氏宗祠	尚未公布为保护单位	古建筑	清~民国	晋江市东石镇三居	血缘
810	侯山拱秀庙	尚未公布为保护单位	古建筑	清~现代	晋江市金井镇	血缘
811	张林张氏家庙	尚未公布为保护单位	古建筑	明~现代	晋江市磁灶镇张林村	血缘
812	西园赖氏家庙	尚未公布为保护单位	古建筑	明~民国	晋江市西园镇赖厝村	血缘
813	五居海埔祖厝	尚未公布为保护单位	古建筑	清	晋江市东石镇五居大宗路	血缘
814	南瀛长顺群屋	尚未公布为保护单位	古建筑	清	晋江市龙湖镇南瀛村长房	血缘
815	坑口九十九间大厝	尚未公布为保护单位	古建筑	清	晋江市金井镇坑口村留宅	商缘
816	珠泽蔡氏宗祠	尚未公布为保护单位	古建筑	清~民国	晋江市东石镇三居龙江中路	血缘
817	新街柯厝坊	尚未公布为保护单位	古建筑	清	晋江市安海镇新街村	血缘
818	南春进士第	尚未公布为保护单位	古建筑	清	晋江市深沪镇南春村	血缘
819	西滨林氏祠堂	尚未公布为保护单位	古建筑	明~现代	晋江市陈埭镇桂林行政村	血缘

序号	名　称	保护级别	类别	年代	座落地点	涉台渊源类型
820	上方张氏家庙	尚未公布为保护单位	古建筑	清~民国	晋江市内坑镇上方村	血缘
821	福全卓氏祖厝	尚未公布为保护单位	古建筑	明~现代	晋江市金井镇福全村	血缘
822	东石玉井祠堂	尚未公布为保护单位	古建筑	明~现代	晋江市东石镇四居石路头村	血缘
823	东石苏氏宗祠	尚未公布为保护单位	古建筑	明~现代	晋江市东石镇第四居委会沙掘街道	血缘
824	福全何氏祖厝	尚未公布为保护单位	古建筑	清~现代	晋江市金井镇福全村	血缘
825	福全林氏祖厝	尚未公布为保护单位	古建筑	清	晋江市金井镇福全村	血缘
826	湖中延鲁张公家庙	尚未公布为保护单位	古建筑	清	晋江市陈埭镇湖中村	血缘
827	苏厝苏家祖庙	尚未公布为保护单位	古建筑	清~现代	晋江市陈埭镇苏厝村群星路	血缘
828	五居黄氏家庙	尚未公布为保护单位	古建筑	宋~现代	晋江市东石镇五居沙掘行政村花园巷	血缘
829	福全林氏家庙	尚未公布为保护单位	古建筑	清	晋江市金井镇福全村	血缘
830	安海七房施厝	尚未公布为保护单位	古建筑	清	晋江市安海镇七房	血缘
831	安海四房施厝	尚未公布为保护单位	古建筑	清	晋江市安海镇石狮巷	血缘
832	古厝奉旨迁界崖刻	尚未公布为保护单位	石刻及造像	清	晋江市永和镇古厝村前石下	法缘
833	围头八·二三炮战旧址	尚未公布为保护单位	近现代重要史迹及代表性建筑	1958年	晋江市金井镇围头村	法缘
834	围头新村	尚未公布为保护单位	近现代重要史迹及代表性建筑	1959年	晋江市金井镇坑口村留宅	法缘
835	围头达屋楼	尚未公布为保护单位	近现代重要史迹及代表性建筑	1930年代	晋江市金井镇围头村	法缘
836	南浔瑞成活源商号	尚未公布为保护单位	近现代重要史迹及代表性建筑	清末	晋江市龙湖镇南浔村和平北区	商缘
837	岩峰范氏家庙	尚未公布为保护单位	近现代重要史迹及代表性建筑	现代	晋江市金井镇岩峰行政村陈厝	血缘
838	安海颜氏家庙	尚未公布为保护单位	近现代重要史迹及代表性建筑	现代	晋江市安海镇型厝村	血缘
839	郑成功墓	全国重点	古墓葬	清	南安市水头镇康店村	法缘
840	蔡氏古民居建筑群	全国重点	古建筑	清	南安市官桥镇漳里村	血缘

序号	名称	保护级别	类别	年代	座落地点	涉台渊源类型
841	大演洪氏民居	省级	古建筑	清	南安市蓬华镇大演村	法缘
842	南安中宪第	省级	古建筑	清	南安市石井镇石井居委会	商缘
843	延平郡王祠	省级	古建筑	清	南安市石井镇石井居委会	血缘
844	凌云叶氏家庙	省级	古建筑	清	南安市眉山乡高田村	血缘
845	霞美陈氏民居	省级	近现代重要史迹及代表性建筑	民国	南安市霞美镇霞美村	血缘
846	石井铳城遗址	市县级	古遗址	明	南安市石井镇石井街道	法缘
847	郑鸣骏墓	市县级	古墓葬	清	南安市官桥镇和铺村	法缘
848	林贤墓	市县级	古墓葬	清	南安市康美镇福铁村	法缘
849	雷海青墓	市县级	古墓葬	唐	南安市罗东镇振兴村	文缘
850	沈佺期墓	市县级	古墓葬	清	南安市水头镇星辉村后园自然村	血缘
851	尤宗墓	市县级	古墓葬	清	南安市省新镇新厅村	血缘
852	官桥曾氏家族墓	市县级	古墓葬	宋	南安市官桥镇泗溪村	血缘
853	六都灵应寺	市县级	古建筑	清	南安市洪梅镇六都村	文缘
854	石井郑氏宗祠	市县级	古建筑	清	南安市石井镇石井街道	血缘
855	石井海上视师石刻	市县级	石刻及造像	明	南安市石井镇石井街道	法缘
856	诗山凤山寺	市县级	近现代重要史迹及代表性建筑	现代	南安市诗山镇坊前村	文缘
857	小盈岭关隘遗址	尚未公布为保护单位	古遗址	清	南安市水头镇劳光村	法缘
858	石井郑成功古战场遗址	尚未公布为保护单位	古遗址	清	南安市丰州镇环山村	法缘
859	家山寨窑址	尚未公布为保护单位	古遗址	宋	南安市官桥镇下洋村	商缘
860	郜岩功德院遗址	尚未公布为保护单位	古遗址	五代	南安市省新镇西浦村	文缘
861	李启轩墓	尚未公布为保护单位	古墓葬	清	南安市石井镇溪东村	法缘
862	吕思轩墓	尚未公布为保护单位	古墓葬	明	南安市水头镇大盈村林前自然村	血缘
863	郑西庭墓	尚未公布为保护单位	古墓葬	清	南安市石井镇苏内村	血缘
864	曾岭何廷斌故居	尚未公布为保护单位	古建筑	明~清	南安市水头镇曾岭村枫林自然村	法缘
865	大演洪廷珍故居	尚未公布为保护单位	古建筑	清	南安市蓬华镇大演村	法缘

序号	名称	保护级别	类别	年代	座落地点	涉台渊源类型
866	后园沈氏家庙	尚未公布为保护单位	近现代重要史迹及代表性建筑	民国	南安市水头镇星辉村	法缘
867	金淘书院	尚未公布为保护单位	古建筑	清	南安市金淘镇金淘村	文缘
868	诗山龙山宫	尚未公布为保护单位	古建筑	清	南安市诗山镇山一村	文缘
869	溪东李氏宗祠	尚未公布为保护单位	古建筑	清	南安市石井镇溪东村	血缘
870	大庭戴氏家庙	尚未公布为保护单位	古建筑	明	南安市码头镇大庭村	血缘
871	金淘谢氏家庙	尚未公布为保护单位	古建筑	清~民国	南安市金淘镇东门村	血缘
872	西华万衣岭碑	尚未公布为保护单位	石刻及造像	清	南安市丰州镇西华村	法缘
873	成竹曾氏祖庙	尚未公布为保护单位	近现代重要史迹及代表性建筑	民国	南安市官桥镇成竹村	血缘
874	漳州石牌坊（许凤坊、蓝理坊）	全国重点	古建筑	清	漳州市芗城区新华东路岳口段	法缘
875	漳州府文庙大成殿	全国重点	古建筑	明	漳州市芗城区西桥镇西桥村修文西路2号	文缘
876	漳州林氏宗祠	全国重点	古建筑	明~清	漳州市芗城区振成巷	血缘
877	陈元光墓	省级	古墓葬	唐	漳州市芗城区浦南镇浯浦村石鼓山北麓	文缘
878	路边威惠庙	省级	古建筑	清	漳州市芗城区天宝镇路边村	文缘
879	霞东书院	省级	古建筑	清	漳州市芗城区盐鱼市街	文缘
880	松洲威惠庙	省级	古建筑	唐~清	漳州市芗城区浦南镇松洲村	文缘
881	官园威惠庙	省级	古建筑	清	漳州市芗城区巷口街道办事处官园社区	文缘
882	浦头大庙	省级	古建筑	清	漳州市芗城区巷口镇浦头村北岸	文缘
883	覆船山遗址	市县级	古遗址	新石器时代	漳州市芗城区芝山乡岭下村西	地缘
884	许天正墓	市县级	古墓葬	唐	漳州市芗城区浦南镇诗朋村马栏桥头	血缘
885	芗城萧状元墓	市县级	古墓葬	宋	漳州市芗城区新华东路教子桥、九龙公园东侧	血缘
886	霞东文英楼与古码头	市县级	古建筑	明、清	漳州市芗城区巷口办事处霞东社区、浦头港北侧	商缘
887	漳州古武庙	市县级	古建筑	清	漳州市芗城区华侨新村西南	文缘
888	芗城宫保第	市县级	古建筑	清	漳州市芗城区新华西路人委巷	文缘

序号	名　称	保护级别	类　别	年　代	座落地点	涉台渊源类型
962	赤岭雨霁庙	市县级	古建筑	明、清	漳浦县赤岭畲族乡雨霁村	文缘
963	赤湖"存膺褒纶"坊	市县级	古建筑	明	漳浦县赤湖镇东大街	血缘
964	溪南太尉堂	市县级	古建筑	南宋	漳浦县绥安镇溪南村中营自然村	血缘
965	城外石柄庙	市县级	古建筑	明	漳浦县旧镇镇城外村石柄自然村	血缘
966	顶坛永安楼	市县级	古建筑	清	漳浦县湖西乡顶坛村	血缘
967	盘龙林氏家庙	市县级	古建筑	明	漳浦县石榴镇盘龙村	血缘
968	近城诚敬堂	市县级	古建筑	明	漳浦县杜浔镇近城村	血缘
969	西城崇孝堂	市县级	古建筑	清	漳浦县赤湖镇西城村	血缘
970	港头黛峰家庙	市县级	古建筑	明	漳浦县佛昙镇港头村	血缘
971	长桥丹井祠堂	市县级	近现代重要史迹及代表性建筑	1927年	漳浦县长桥镇丹井村	血缘
972	轧里人和楼址	市县级	古建筑	明	漳浦县佛昙镇轧里村	血缘
973	石榴盘龙新楼	市县级	古建筑	清	漳浦县石榴镇盘龙村	血缘
974	文山大安楼	市县级	古建筑	清	漳浦县前亭镇文山村官路自然村	血缘
975	佛昙杨氏大祖	市县级	古建筑	清	漳浦县佛昙镇岸头村	血缘
976	旧镇紫薇洞石刻	市县级	石刻及造像	明	漳浦县旧镇镇浯江村东北侧	血缘
977	黄性震墓	尚未公布为保护单位	古墓葬	清	漳浦县马坪镇京野村	血缘
978	示埔霞陵城	尚未公布为保护单位	古建筑	清	漳浦县深土镇示埔村	法缘
979	霞美刘坂城	尚未公布为保护单位	古建筑	明	漳浦县霞美镇刘坂村	法缘
980	漳浦古雷城	尚未公布为保护单位	古建筑	明	漳浦县古雷镇古城村	法缘
981	旧镇铳城址	尚未公布为保护单位	古建筑	明	漳浦县旧镇石柄村	法缘
982	旧镇秦溪城址	尚未公布为保护单位	古遗址	清	漳浦县旧镇镇秦溪村东侧营脚自然村	法缘
983	蓝理府第	尚未公布为保护单位	古建筑	清	漳浦县赤岭乡赤岭村	法缘
984	赤岭蓝瑗府第	尚未公布为保护单位	古建筑	清	漳浦县赤岭乡前园村内厝自然村	法缘
985	山城青龙庵	尚未公布为保护单位	古建筑	清	漳浦县石榴镇山城村	血缘
986	万安西垅祠堂	尚未公布为保护单位	古建筑	清	漳浦县万安农场西垅作业区	文缘
987	路下林氏祠堂	尚未公布为保护单位	古建筑	明	漳浦县深土镇路下村	血缘

序号	名 称	保护级别	类 别	年 代	座落地点	涉台渊源类型
935	云阳方氏阳霞观音亭	尚未公布为保护单位	古建筑	清	云霄县莆美镇阳霞村	文缘
936	云阳方氏孝思堂	尚未公布为保护单位	古建筑	明~现代	云霄县莆美镇阳霞村	血缘
937	云阳方氏咸正堂	尚未公布为保护单位	古建筑	清	云霄县莆美镇阳霞村	血缘
938	新衙内陈氏宗祠迪光堂	尚未公布为保护单位	古建筑	清	云霄县云陵镇建设路塘坪社区	血缘
939	赵家堡—诒安堡	全国重点	古建筑	清	漳浦县湖西乡城内村	法缘
940	蓝鼎元墓	省级	古墓葬	清	漳浦县湖西乡下墟村	法缘
941	蓝理墓	省级	古墓葬	清	漳浦县湖西乡后溪村橄仔埔自然村	法缘
942	黄道周墓	省级	古墓葬	清	漳浦县绥安镇绥北村北山	文缘
943	六鳌城墙	省级	古建筑	明	漳浦县六鳌镇镇政府西500米	法缘
944	蓝氏宗祠	省级	古建筑	清	漳浦县赤岭乡石椅村	文缘
945	黄道周讲学处	省级	古建筑	明	漳浦县绥安镇石斋村	文缘
946	蓝廷珍府第	省级	古建筑	清	漳浦县湖西畲族乡顶坛村	血缘
947	海云家庙	省级	古建筑	明	漳浦县旧镇镇浯江村大厅边自然村	血缘
948	南峰谢氏祖妈墓	市县级	古墓葬	清	漳浦县赤湖镇南峰村	血缘
949	前亭蓝氏始祖墓	市县级	古墓葬	元、明	漳浦县前亭镇大社村	血缘
950	赵若和墓	市县级	古墓葬	元	漳浦县湖西乡苏溪村过田自然村	血缘
951	绥西威惠庙	市县级	古建筑	唐	漳浦县绥安镇绥西村西辰岭自然村	文缘
952	赤水清水岩	市县级	古建筑	南宋	漳浦县赤湖镇赤水村	文缘
953	甘霖玄天上帝庙	市县级	古建筑	北宋	漳浦县漳浦旧镇镇甘霖村	文缘
954	南门妈祖庙	市县级	古建筑	明、清	漳浦县绥安镇绥南村	文缘
955	丰卿三王公庙、墓	市县级	古建筑	宋、明、现代	漳浦县湖西畲族乡丰卿村	血缘
956	北桥威奕庙	市县级	古建筑	元、明	漳浦县赤湖镇北桥村	文缘
957	近城正阳宫	市县级	古建筑	清	漳浦县杜浔镇近城村	文缘
958	北桥威奕庙	市县级	古建筑	元、明	漳浦县赤湖镇北桥村	文缘
959	金塘王公庙	市县级	古建筑	清	漳浦县深土镇金塘村	文缘
960	北门妈祖宫	市县级	古建筑	明	漳浦县绥安镇朝阳路口	文缘
961	霞美后寮庵	市县级	古建筑	元	漳浦县霞美镇后寮村	文缘

序号	名　　称	保护级别	类别	年代	座落地点	涉台渊源类型
911	上墩天南宫	尚未公布为保护单位	古建筑	清	漳州市芗城区上墩村	文缘
912	巷口笃厚祖宫	尚未公布为保护单位	古建筑	清	漳州市芗城区塔后小区胜利东路48号	文缘
913	路边韩氏大宗	尚未公布为保护单位	古建筑	清	漳州市芗城区天宝镇路边村	血缘
914	埔尾王氏宗祠	尚未公布为保护单位	古建筑	清	漳州市芗城区天宝镇埔尾村	血缘
915	后林吕氏宗祠	尚未公布为保护单位	古建筑	清	漳州市芗城区浦南镇后林村	血缘
916	新行街施厝	尚未公布为保护单位	古建筑	清	漳州市芗城区新行街	血缘
917	洪坑戴氏宗祠	尚未公布为保护单位	古建筑	清	漳州市芗城区天宝镇洪坑村	血缘
918	溪黄林氏宗祠	尚未公布为保护单位	古建筑	明	漳州市芗城区浦南镇溪黄村	血缘
919	万松关	省级	古建筑	明	漳州市龙文区蓝田镇梧桥村	地缘
920	扶摇关帝庙	省级	古建筑	明~清	漳州市龙文区郭坑镇扶摇村	文缘
921	永兴堂	市县级	古建筑	明~清	漳州市龙文区步文镇石仓村内	文缘
922	赤岭关帝庙	市县级	古建筑	清	漳州市龙文区步文镇霞店美社	文缘
923	檀林威惠庙	尚未公布为保护单位	古建筑	宋~现代	漳州市龙文区蓝田镇梧桥村檀林社	文缘
924	湖宛注生宫	尚未公布为保护单位	古建筑	清~现代	漳州市龙文区蓝田镇小港村湖宛社	文缘
925	陈政墓	省级	古墓葬	唐~宋	云霄县将军山	血缘
926	云霄威惠庙	省级	古建筑	清	云霄县云陵镇享堂村	文缘
927	南山寺及南屏书院	省级	古建筑	明、清	云霄县莆美镇莆南村山南麓山坡	文缘
928	石矾塔	省级	古建筑	清	云霄县东厦镇湖秋村漳江入海口	文缘
929	云山书院	省级	古建筑	清	云霄县云陵镇溪美街南强路272号	文缘
930	何地何氏家庙	省级	古建筑	清	云霄县马铺乡顶何后厝村	血缘
931	树滋楼	省级	古建筑	清	云霄县和平乡宜谷径村	血缘
932	云霄下营将军庙	市县级	古建筑	唐~清	云霄县莆美镇宝城路西侧	文缘
933	云霄燕翼宫	市县级	古建筑	唐~清	云霄县云陵镇王府社区	文缘
934	云阳方氏三结义墓	尚未公布为保护单位	古墓葬	明	云霄县莆美镇马山村太史路南侧、御史岭北麓	文缘

序 号	名 称	保护级别	类 别	年 代	座落地点	涉台渊源类型
889	芗城简大狮避难处	市县级	近现代重要史迹及代表性建筑	清末	漳州市芗城区新华西路220号	法缘
890	莲花池山遗址	尚未公布为保护单位	古遗址	旧石器时代	漳州市芗城区南坑镇农友村	地缘
891	沈世雄墓	尚未公布为保护单位	古墓葬	宋	漳州市芗城区芝山南麓	血缘
892	大寨沈世纪与李伯瑶合葬墓	尚未公布为保护单位	古墓葬	清	漳州市芗城区天宝镇大寨村	血缘
893	渡东李伯瑶墓	尚未公布为保护单位	古墓葬	唐~现代	漳州市芗城区浦南镇渡东村	血缘
894	何厝陈元光衣冠墓	尚未公布为保护单位	古墓葬	唐、清	漳州市芗城区浦南镇何厝村	血缘
895	南山威惠庙	尚未公布为保护单位	古建筑	宋~现代	漳州市芗城区石亭镇南山村	文缘
896	芗城马公庙	尚未公布为保护单位	古建筑	宋~清	漳州市芗城区胜利东路中段北侧民主里	文缘
897	西街教苑王爷庙	尚未公布为保护单位	古建筑	明~清	漳州市芗城区瑞京村西横街	文缘
898	芗城凤霞祖宫	尚未公布为保护单位	古建筑	宋	漳州市芗城区文化街	文缘
899	官园习益祖宫	尚未公布为保护单位	古建筑	明~现代	漳州市芗城区新华东路官园社区大学甲	文缘
900	顶岱山九龙宫	尚未公布为保护单位	古建筑	宋~清	漳州市芗城区南坑街道办事处岱山村内	文缘
901	下沙齐天宫	尚未公布为保护单位	古建筑	清	漳州市芗城区新华南路、八卦楼边	文缘
902	浦南渡东宫	尚未公布为保护单位	古建筑	清	漳州市芗城区浦南镇渡东村	文缘
903	芗城汪春源故居	尚未公布为保护单位	古建筑	清	漳州市区振成巷	文缘
904	诗浦慈济宫	尚未公布为保护单位	古建筑	明~清	漳州市芗城区新桥办事处诗浦村	文缘
905	诗浦正顺庙	尚未公布为保护单位	古建筑	明~清	漳州市芗城区新桥街道办事处诗浦村	文缘
906	顶田霞正顺庙	尚未公布为保护单位	古建筑	清	漳州市芗城区巷口街道办事处顶田霞社区	文缘
907	石亭埔尾庵	尚未公布为保护单位	古建筑	清	漳州市芗城区天宝镇埔尾村	文缘
908	北斗辅顺将军庙	尚未公布为保护单位	古建筑	清	漳州市芗城区天宝镇北斗村	文缘
909	天宝玉尊宫	尚未公布为保护单位	古建筑	清~现代	漳州市芗城区天宝镇五里沙	文缘
910	上街妈祖庙	尚未公布为保护单位	古建筑	清	漳州市芗城区上街	文缘

序 号	名 称	保护级别	类 别	年 代	座落地点	涉台渊源类型
988	东吴王公庙	尚未公布为保护单位	古建筑	清	漳浦县深土镇东吴村	血缘
989	赤湖陈氏祠堂	尚未公布为保护单位	古建筑	清	漳浦县赤湖镇西城村	血缘
990	沙西蓬山城	尚未公布为保护单位	古建筑	清	漳浦县沙西镇蓬山村	血缘
991	南浦大坪城	尚未公布为保护单位	古建筑	清	漳浦县南浦乡大坪村	血缘
992	锦江明山堂	尚未公布为保护单位	古建筑	元	漳浦县官浔镇锦江村	血缘
993	后江吴氏祠堂	尚未公布为保护单位	古建筑	清	漳浦县赤湖镇半石村后江自然村	血缘
994	湖西山后祠堂	尚未公布为保护单位	古建筑	清	漳浦县湖西乡山后村	血缘
995	深土南境祠堂	尚未公布为保护单位	古建筑	清	漳浦县深土镇南境村	血缘
996	苦致丹山家庙	尚未公布为保护单位	古建筑	明	漳浦县赤土乡苦致村	血缘
997	石榴山城祠堂	尚未公布为保护单位	古建筑	清	漳浦县石榴镇山城村	血缘
998	长桥黄氏祠堂	尚未公布为保护单位	古建筑	清	漳浦县长桥镇长桥村	血缘
999	杜浔邱氏祠堂	尚未公布为保护单位	古建筑	清	漳浦县杜浔镇文卿村	血缘
1000	横口王氏祠堂	尚未公布为保护单位	古建筑	明	漳浦县官浔镇横口村康庄	血缘
1001	大肖佛祖庙	尚未公布为保护单位	古建筑	清	漳浦县深土镇大肖村	血缘
1002	保安许氏祠堂	尚未公布为保护单位	古建筑	清	漳浦县赤湖镇保安村	血缘
1003	赤湖保安楼	尚未公布为保护单位	古建筑	明	漳浦县赤湖镇保安村	血缘
1004	沙西高山城	尚未公布为保护单位	古建筑	明正德八年	漳浦县沙西镇高山村	血缘
1005	霞美眉田城	尚未公布为保护单位	古建筑	明	漳浦县霞美镇眉田村城里自然村	血缘
1006	石榴罗厝楼	尚未公布为保护单位	古建筑	清	漳浦县石榴镇石榴村罗厝自然村	血缘
1007	绥安溪南城	尚未公布为保护单位	古建筑	清	漳浦县绥安镇溪南村	血缘
1008	大坪徐氏祠堂	尚未公布为保护单位	古建筑	清	漳浦县南浦乡大坪村	血缘
1009	赤水鉴湖家庙	尚未公布为保护单位	古建筑	清	漳浦县赤湖镇后湖村赤水自然村	血缘
1010	港口"东都客"民居	尚未公布为保护单位	古建筑	清	漳浦县古雷镇港口村	血缘

序 号	名 称	保护级别	类 别	年 代	座落地点	涉台渊源类型
1011	玉厝清德宫	尚未公布为保护单位	古建筑	清	漳浦县旧镇镇玉厝村	血缘
1012	大坑陈氏鉴湖堂	尚未公布为保护单位	古建筑	清	漳浦县佛昙镇轧内村	血缘
1013	田中央王氏祠堂	尚未公布为保护单位	古建筑	清	漳浦县前亭镇田中央村	血缘
1014	梅林陈氏祠堂	尚未公布为保护单位	古建筑	清	漳浦县石榴镇梅西村	血缘
1015	林埭林祖墓道碑	尚未公布为保护单位	石刻及造像	清	漳浦县马坪镇林埭村石碑自然村	法缘
1016	悬钟所城墙	省级	古建筑	明	诏安县梅岭镇南门村	法缘
1017	五通宫	省级	古建筑	明	诏安县霞葛镇五通村	文缘
1018	诏安文昌宫	省级	古建筑	清	诏安县南诏镇城内社区县前街	文缘
1019	七贤庵	省级	古建筑	清	诏安县梅洲乡梅山村东南	血缘
1020	腊洲山遗址	市县级	古遗址	新石器时代	诏安县梅岭镇腊洲山	地缘
1021	萧昭元墓	市县级	古墓葬	清	诏安县深桥镇樟朗村北	血缘
1022	南诏西觉寺	市县级	古建筑	明~清	诏安县南诏镇西门社区	文缘
1023	南诏东岳庙	市县级	古建筑	明~清	诏安县南诏镇东关社区	文缘
1024	陈龙泰山寺	市县级	古建筑	明	诏安县秀篆镇陈龙村	文缘
1025	红星镇金庙	市县级	古建筑	清	诏安县红星乡圆林村	文缘
1026	含英保林寺	市县级	古建筑	清	诏安县桥东镇含英村西北	文缘
1027	功臣庙	市县级	古建筑	清	诏安县南诏镇东城社区东南水车街	文缘
1028	南诏灵侯庙	市县级	古建筑	清	诏安县南诏镇东门社区东门中街	文缘
1029	南诏玄天上帝宫	市县级	古建筑	清	诏安县南诏镇东关社区东溪西岸	文缘
1030	南诏慈云寺	市县级	古建筑	清	诏安县南诏镇北关社区中段	文缘
1031	梅南福善庵	市县级	古建筑	清	诏安县梅州乡梅南村东南	文缘
1032	西潭大庙	市县级	古建筑	清	诏安县西潭潭光村	文缘
1033	岑头威惠王庙	市县级	古建筑	清	诏安县潭乡岑头村东北	文缘
1034	陈龙盛衍堂	市县级	古建筑	明	诏安县秀篆镇陈龙村	血缘
1035	南诏飡保堂	市县级	古建筑	清	诏安县南诏镇五一村九户市场边	血缘
1036	南诏陈氏家庙	市县级	古建筑	清	诏安县南诏镇西门社区文化古街	血缘
1037	南诏黄氏祖庙	市县级	古建筑	清	诏安县南诏镇城内社区南门塘	血缘

序号	名　称	保护级别	类　别	年　代	座落地点	涉台渊源类型
1038	南诏青云寺	市县级	古建筑	清	诏安县南诏镇西门社区中山西路	血缘
1039	沈公桔祖佳陵	尚未公布为保护单位	古墓葬	明	诏安县西潭乡新春村	血缘
1040	欧哲侯墓	尚未公布为保护单位	古墓葬	清	诏安县桥东镇仙塘村欧厝寨自然村欧厝山	血缘
1041	白叶星斗楼	尚未公布为保护单位	古建筑	明	诏安县太平镇白叶村	法缘
1042	东桥张贞宅及张氏宗祠	尚未公布为保护单位	近现代重要史迹及代表性建筑	民国	诏安县四都镇东桥村	法缘
1043	下官保福庵	尚未公布为保护单位	古建筑	明~清	诏安县官陂镇下官村下官小学边	文缘
1044	焕塘开元院	尚未公布为保护单位	古建筑	明、清	诏安县秀篆镇焕塘村	文缘
1045	港西钟灵庙	尚未公布为保护单位	古建筑	清	诏安县深桥镇港头村	文缘
1046	南诏东里庙	尚未公布为保护单位	古建筑	清	诏安县南诏镇南关街	文缘
1047	河美金马台塔	尚未公布为保护单位	古建筑	清~现代	诏安县秀篆镇河美村	文缘
1048	光亮张廖祠堂	尚未公布为保护单位	古建筑	清	诏安县官陂镇光亮村	血缘
1049	东升楼祖庙	尚未公布为保护单位	古建筑	清	诏安县秀篆镇埔坪村东升自然村	血缘
1050	东城明宪祖祠	尚未公布为保护单位	古建筑	明	诏安县南诏镇东城村	血缘
1051	东桥张式玉宅	尚未公布为保护单位	近现代重要史迹及代表性建筑	民国	诏安县四都镇东桥村	血缘
1052	山宝雷震山祖祠	尚未公布为保护单位	古建筑	清	诏安县西潭乡山雷村	血缘
1053	南诏沈氏家庙	尚未公布为保护单位	古建筑	清	诏安县南诏镇东关社区县中医院内	血缘
1054	秀篆吕氏宗祠	尚未公布为保护单位	古建筑	清~现代	诏安县秀篆镇河美村	血缘
1055	南诏许氏家庙	尚未公布为保护单位	古建筑	清	诏安县南诏镇城内社区许厝祠巷2号	血缘
1056	南诏郭氏宗祠	尚未公布为保护单位	古建筑	民国	诏安县南诏镇东门社区郭厝祠	血缘
1057	仕江沈氏崇飨堂	尚未公布为保护单位	古建筑	清	诏安县深桥镇仕江村	血缘
1058	南诏东玄宫	尚未公布为保护单位	近现代重要史迹及代表性建筑	现代	诏安县南诏镇东关街武德巷	文缘
1059	旺亭朱一贵故居	市县级	古建筑	清	长泰县陈巷镇旺亭村	法缘
1060	南岳正顺庙	市县级	古建筑	元	长泰县武安镇城关村	文缘
1061	石室顺正府庵	市县级	古建筑	明	长泰县陈巷镇石室村	文缘
1062	甘寨皇龙宫	市县级	古建筑	清	长泰县岩溪镇甘寨村	文缘

序号	名称	保护级别	类别	年代	座落地点	涉台渊源类型
1063	江都玉珠庵	市县级	古建筑	明	长泰县枋洋镇江都村	血缘
1064	青阳卢经忠谏府	市县级	古建筑	清	长泰县枋洋镇青阳村	血缘
1065	石室杨氏世德堂	市县级	古建筑	明	长泰县陈巷镇石室村	血缘
1066	山重薛氏家庙	市县级	古建筑	明	长泰县陈巷镇山重村	血缘
1067	雪美瞻依堂	市县级	古建筑	宋	长泰县陈巷镇雪美村	血缘
1068	上蔡蔡氏祖厝	市县级	古建筑	明	长泰县岩溪镇上蔡村	血缘
1069	岩溪天妃宫	尚未公布为保护单位	古建筑	明~清	长泰县岩溪镇锦鳞村	文缘
1070	积山崇礼堂	尚未公布为保护单位	古建筑	清	长泰县兴泰开发区积山村	血缘
1071	积山积善庵	尚未公布为保护单位	古建筑	清	长泰县兴泰开发区积山村	文缘
1072	甘寨陈氏瞻依堂	尚未公布为保护单位	古建筑	明	长泰县岩溪镇甘寨村	血缘
1073	江都连氏宗祠	尚未公布为保护单位	古建筑	明	长泰县枋洋镇江都村	血缘
1074	城关谢氏宗祠	尚未公布为保护单位	古建筑	元~清	长泰县武安镇城关村后庵	血缘
1075	霞美林氏宗祠	尚未公布为保护单位	古建筑	清	长泰县岩溪镇霞美村	血缘
1076	东山关帝庙	全国重点	古建筑	明~清	东山县铜陵镇风动石景区内	文缘
1077	东山戍守台湾将士墓群	省级	古墓葬	清	东山县铜陵镇桂花街绳缆一厂	法缘
1078	水寨大山	省级	古建筑	明	东山县铜陵北部海滨、华福酒店后	法缘
1079	宫前天后宫	省级	古建筑	明~清	东山县陈城镇宫前村	文缘
1080	东山县抗战烈士陵园	省级	近现代重要史迹及代表性建筑	民国	东山县铜陵镇苏峰街五里亭	法缘
1081	大帽山贝丘遗址	市县级	古遗址	新石器时代	东山县陈城镇大茂村	地缘
1082	铜陵天后宫	市县级	古建筑	明	东山县铜陵镇码头街西门澳	文缘
1083	铜钵净山院	市县级	古建筑	明	东山县康美镇铜钵村妈婆山南麓	文缘
1084	铜陵东安善堂	市县级	古建筑	明	东山县铜陵镇下田街大庙头	文缘
1085	陈城七圣夫人庙	市县级	古建筑	宋	东山县陈城镇陈城村大帽山南麓水库西畔	文缘
1086	前何威惠庙	市县级	古建筑	明	东山县杏陈镇前何村	文缘
1087	铜陵真君宫	市县级	古建筑	明	东山县铜陵镇下田街南门湾海堤边	文缘
1088	铜陵下间御乐轩	市县级	古建筑	清	东山县铜陵镇铜兴村布垾	文缘

序号	名　称	保护级别	类　别	年　代	座落地点	涉台渊源类型
1165	海澄城隍庙	市县级	古建筑	清	龙海市海澄镇内楼村文化街西侧	文缘
1166	马崎连氏宗祠	市县级	古建筑	明～清	龙海市榜山镇长州村马崎社	血缘
1167	新塘许氏纶恩堂	市县级	古建筑	明	龙海市九湖镇新塘村	血缘
1168	洋西郑氏家庙	市县级	古建筑	清	龙海市榜山镇洋西村山北社	血缘
1169	鹭边甘氏宗祠	市县级	古建筑	清	龙海市东园镇东园村	血缘
1170	登第方氏明荐堂	市县级	古建筑	清	龙海市石码镇登弟村	血缘
1171	石码施琅功德碑	市县级	石刻及造像	清	龙海市石码镇龙海桥头	法缘
1172	港尾许提督碑	市县级	石刻及造像	清	龙海市港尾镇亭仔岭下	血缘
1173	石码中山亭	市县级	近现代重要史迹及代表性建筑	1924年	龙海市石码镇中山公园	法缘
1174	福锦山林氏家族墓	尚未公布为保护单位	古墓葬	清	龙海市紫泥镇	血缘
1175	霞威烘炉寨	尚未公布为保护单位	古建筑	清	龙海市浮宫镇霞威村	法缘
1176	林尾东山宫	尚未公布为保护单位	古建筑	清	龙海市角美镇林尾村	文缘
1177	港尾江氏祖祠	尚未公布为保护单位	古建筑	清	龙海市港尾镇上午村小堂社	血缘
1178	石美陈氏祖祠	尚未公布为保护单位	古建筑	清	龙海市角美镇石美村北门社	血缘
1179	港边许氏奕世堂	尚未公布为保护单位	古建筑	清	龙海市东园镇港滨村	血缘
1180	樟湖蛇王庙	省级	古建筑	明	南平市延平区樟湖镇中坂街	文缘
1181	游定夫祠	省级	古建筑	元	南平市延平区南山镇凤池村金山山脚	血缘
1182	峡阳民居	省级	古建筑	明、清	南平市延平区峡阳镇	血缘
1183	罗从彦墓	市县级	古墓葬	宋	南平市延平区水南街道上地村横际自然村	文缘
1184	李侗墓	市县级	古墓葬	宋	南平市延平区炉下镇瓦口村	文缘
1185	吴卓墓	市县级	古墓葬	五代	南平市延平区南山镇华兴街双璧路2号	血缘
1186	延平延寿楼	市县级	古建筑	宋～清	南平市延平区四鹤街道延福社区	法缘
1187	徐洋李延平祠	市县级	古建筑	清	南平市延平区夏道镇徐洋村	文缘
1188	玉地杨龟山祠	市县级	古建筑	明～清	南平市延平区水南街道玉地村	文缘
1189	峡阳屏山书院	市县级	古建筑	清	南平市延平区峡阳镇新兴街	文缘

序号	名　称	保护级别	类　别	年　代	座落地点	涉台渊源类型
1140	大地玄天阁	市县级	古建筑	清	华安县仙都镇大地村	文缘
1141	石井四宝殿	市县级	古建筑	明	华安县湖林乡石井村九龙山顶峰	血缘
1142	银塘赵氏崇本堂	市县级	古建筑	明	华安县丰山镇银塘村	血缘
1143	新圩平安寺石佛	市县级	石刻及造像	明	华安县云水溪桥头处	文缘
1144	龙径东西石塔	尚未公布为保护单位	古建筑	清	华安县丰山镇龙径村九龙江北溪畔	地缘
1145	新圩古码头	尚未公布为保护单位	古建筑	清	华安县新圩镇临江处	商缘
1146	文华龙龟堂	尚未公布为保护单位	古建筑	清	华安县马坑乡文华村	文缘
1147	和春龙兴堂	尚未公布为保护单位	古建筑	清	华安县马坑乡和春村	文缘
1148	高车慎德堂	尚未公布为保护单位	古建筑	清	华安县高车乡高车村下洋田中间	血缘
1149	溪尾孝思堂	尚未公布为保护单位	古建筑	清	华安县沙建镇庭安村溪尾自然村	血缘
1150	岱山郭氏大庵	尚未公布为保护单位	古建筑	清	华安县沙建镇岱山村	血缘
1151	大地蒋氏宗祠	尚未公布为保护单位	古建筑	清	华安县仙都镇大地村	血缘
1152	九龙三宫庙	尚未公布为保护单位	近现代重要史迹及代表性建筑	现代	华安县华丰镇湖底村石门头自然村	文缘
1153	青、白礁慈济宫	全国重点	古建筑	宋～清	龙海市角美镇白礁村	文缘
1154	林氏义庄	全国重点	古建筑	清	龙海市角美镇杨厝村过井社	商缘
1155	天一总局旧址	全国重点	近现代重要史迹及代表性建筑	民国	龙海市角美镇流传村	商缘
1156	白礁王氏家庙	省级	古建筑	明～清	龙海市角美镇白礁村白礁社	血缘
1157	郑伯可陵园	市县级	古墓葬	宋	龙海市榜山镇洋西村山北社	血缘
1158	港尾南炮台	市县级	古建筑	明	龙海市港尾镇石坑村	地缘
1150	浦尾妈祖庙	市县级	古建筑	清	龙海市角美镇埔尾村	文缘
1160	古县谢太傅庙	市县级	古建筑	宋	龙海市颜厝镇古县	文缘
1161	浯屿天妃宫	市县级	古建筑	明	龙海市港尾镇浯屿岛	文缘
1162	白水金仙岩	市县级	古建筑	明	龙海市白水镇玳瑁山	文缘
1163	岱州慈济宫	市县级	古建筑	宋	龙海市角美镇石厝村	文缘
1164	锦宅五恩宫	市县级	古建筑	清～现代	龙海市角美镇锦宅村	文缘

序号	名 称	保护级别	类 别	年 代	座落地点	涉台渊源类型
1112	山城注生娘宫	市县级	古建筑	明	南靖县山城镇大同路	文缘
1113	官洋东山祠	市县级	古建筑	明	南靖县梅林镇官洋村	血缘
1114	乐土龙湖祠	市县级	古建筑	明	南靖县和溪镇乐土村雨林边	血缘
1115	书洋枫林祠	市县级	古建筑	明	南靖县书洋镇枫林村	血缘
1116	高港崇本堂	尚未公布为保护单位	古建筑	清	南靖县南坑镇高港村	文缘
1117	侯山宫	省级	古建筑	清	平和县小溪镇西林村	文缘
1118	三平寺	省级	古建筑	清	平和县文峰镇三平村	文缘
1119	中湖宗祠	省级	古建筑	明～清	平和县九峰镇大洋陂村	血缘
1120	报本堂（吴凤宗祠）	省级	古建筑	清	平和县大溪镇壶嗣村	血缘
1121	山格慈惠宫	市县级	古建筑	明～清	平和县山格镇山格米市街	文缘
1122	美峰振峰庙	市县级	古建筑	清	平和县安厚镇美峰村	文缘
1123	霞寨新寨庙	市县级	古建筑	清	平和县霞寨镇建设村	文缘
1124	云后敌天龙宫	市县级	古建筑	清	平和县南胜镇云后村	文缘
1125	义路保宁庵	市县级	古建筑	清	平和县南胜镇义路村	文缘
1126	坂仔心田宫（含赖氏家庙）	市县级	古建筑	清～现代	平和县坂仔镇心田村	血缘
1127	埔坪林氏大宗	市县级	古建筑	清	平和县五寨乡埔坪村	血缘
1128	江寨济阳堂	市县级	古建筑	清	平和县大溪镇江寨村	血缘
1129	龙头林氏宗祠	市县级	古建筑	明	平和县安厚镇龙头村	血缘
1130	杨厝坪追来堂	市县级	古建筑	清	平和县九峰镇杨厝坪村	血缘
1131	坂仔林语堂故居	市县级	古建筑	民国	平和县坂仔镇中心小学内	血缘
1132	钟腾榜眼府	市县级	古建筑	清	平和县霞寨镇钟腾村	血缘
1133	文峰世远堂	尚未公布为保护单位	古建筑	清	南靖县书洋镇文峰村磜角自然村	血缘
1134	报本堂	尚未公布为保护单位	古建筑	清	平和县九峰镇福坑村第四自然村	血缘
1135	南山宫	全国重点	古建筑	明～清	华安县华丰镇良埔村南山东麓山腰	文缘
1136	东溪窑遗址	省级	古遗址	新石器时代	华安县高安镇三洋村	商缘
1137	齐云楼	省级	古建筑	清	华安县沙建镇岱山村岱山小学东南面300米	血缘
1138	仙字潭摩崖石刻	省级	石刻及造像	青铜时代	华安县沙建镇汰内村汰溪支流崖壁	文缘
1139	绵治追来堂	市县级	古建筑	明	华安县新圩镇绵治村	法缘

序号	名　称	保护级别	类　别	年代	座落地点	涉台渊源类型
1089	美山杨氏家庙	市县级	古建筑	明	东山县康美镇美山村	血缘
1090	林凤将军墓	尚未公布为保护单位	古墓葬	清	东山县杏陈镇埔头村外埔山洋仔坑	文缘
1091	澳雅头码头	尚未公布为保护单位	古建筑	清	东山县铜陵镇东南端、水寨大山东麓海滨	商缘
1092	铜陵明德宫	尚未公布为保护单位	古建筑	清	东山县铜陵镇码头街西门澳	文缘
1093	铜陵泗美宫	尚未公布为保护单位	古建筑	明	东山县铜陵镇南门湾澳角尾海边	文缘
1094	湖塘孝子祠	尚未公布为保护单位	古建筑	明	东山县陈城镇湖塘村	文缘
1095	铜兴顶间御乐居	尚未公布为保护单位	古建筑	清	东山县铜陵镇铜兴村红厝池边	文缘
1096	铜钵黄氏家庙	尚未公布为保护单位	古建筑	清	东山县康美镇铜钵村东巷	血缘
1097	陈城陈氏宗祠	尚未公布为保护单位	古建筑	明	东山县陈城镇陈城村	血缘
1098	顶城陈氏宗祠	尚未公布为保护单位	古建筑	明	东山县陈城镇顶城村	血缘
1099	康美林氏家庙	尚未公布为保护单位	古建筑	明	东山县康美镇康美村	血缘
1100	东沈沈氏宗祠	尚未公布为保护单位	古建筑	明	东山县康美镇东沈村	血缘
1101	东沈唐氏宗祠	尚未公布为保护单位	古建筑	明	东山县康美镇东沈村西	血缘
1102	福建土楼（田螺坑土楼群、怀远楼、和贵楼、二宜楼、南阳楼、承启楼、集庆楼、福裕楼、奎聚楼、振成楼、锦江楼、绳武楼、庄上大楼、典常楼）	全国重点	古建筑	明~民国	南靖县梅林镇坎下村	血缘
1103	德远堂	全国重点	古建筑	清	南靖县书洋镇塔下村	血缘
1104	梅林天后宫	省级	古建筑	清	南靖县梅林镇梅林村	文缘
1105	长教简氏大宗祠	省级	古建筑	清	南靖县梅林镇坎下村	血缘
1106	龙潭楼	省级	古建筑	清	南靖县书洋镇田中村	血缘
1107	聚精堂	省级	古建筑	明、清	南靖县奎洋镇上洋村	血缘
1108	聚斯堂	省级	古建筑	明、清	南靖县和溪镇林中村	血缘
1109	萧氏宗祠四美堂	省级	古建筑	清~民国	南靖县金山镇霞涌村	血缘
1110	河坑土楼群	省级	古建筑	明~现代	南靖县书洋镇曲江村河坑自然村	血缘
1111	慈济行宫	市县级	古建筑	元末明初	南靖县和溪镇林中村	文缘

序号	名　称	保护级别	类别	年代	座落地点	涉台渊源类型
1190	太平真君殿	市县级	古建筑	清	南平市延平区太平镇刘家村蛟坑自然村	文缘
1191	凤池游定夫书院	市县级	古建筑	元~清	南平市延平区南山镇凤池村	血缘
1192	延平罗从彦祠堂	市县级	古建筑	明~清	南平市延平区水南街道罗源村南山自然村	血缘
1193	峡阳张氏百忍堂	市县级	古建筑	清	南平市延平区峡阳镇将军街	血缘
1194	峡阳状元陵	尚未公布为保护单位	古墓葬	五代、宋	南平市延平区峡阳镇德胜街东南	血缘
1195	骆万安墓	尚未公布为保护单位	古墓葬	唐	南平市延平区峡阳镇前进街金刚甲山	血缘
1196	上洋溪源庵	尚未公布为保护单位	古建筑	清	南平市延平区四鹤街道上洋村溪源峡谷	文缘
1197	南山吴氏延陵堂	尚未公布为保护单位	古建筑	清	南平市延平区南山镇明前街村	血缘
1198	峡阳应氏状元祠	尚未公布为保护单位	古建筑	清	南平市延平区峡阳镇前进街	血缘
1199	宝山寺大殿	全国重点	古建筑	元	顺昌县大干镇土垅村上湖自然村	文缘
1200	元坑陈氏民居	省级	古建筑	清	顺昌县元坑镇东郊村	血缘
1201	天台山三济祖师殿遗址	市县级	古遗址	明	顺昌县洋口镇田坪村上坪头自然村	文缘
1202	连荣十夫妻合葬墓	市县级	古墓葬	宋	顺昌县大干镇来布村	血缘
1203	郑坊张根旺故居	市县级	古建筑	清	顺昌县郑坊乡郑坊村	法缘
1204	岐头通天大圣坛庙	市县级	古建筑	明	顺昌县岚下乡黄墩村岐头自然村	文缘
1205	郑坊齐天大圣庙	市县级	古建筑	民国	顺昌县郑坊乡郑坊村	文缘
1206	秀水关帝庙	市县级	古建筑	民国	顺昌县元坑镇秀水村	文缘
1207	高阳兴福寺	市县级	古建筑	清	顺昌县高阳乡振科村	文缘
1208	九村蔡氏宗祠	市县级	古建筑	清	顺昌县元坑镇九村	血缘
1209	九村朱氏祠堂	市县级	古建筑	清	顺昌县元坑镇九村	血缘
1211	牛鼻山遗址	省级	古遗址	新石器时代	浦城县管厝乡党溪村东源自然村牛鼻山	地缘
1210	吴郡墓	省级	古墓葬	清	浦城县永兴镇前墩村黄溪洲	血缘
1212	梨岭关	省级	古建筑	唐~清	浦城县九牧镇九牧村高步亭自然村	商缘
1213	三山会馆	省级	古建筑	清	浦城县河滨街道和平村交通路6号	商缘
1214	云峰寺	省级	古建筑	明	浦城县水北街镇曹村北面	商缘
1215	西山故居	省级	古建筑	清	浦城县仙阳镇仙南村中部	文缘

序号	名　称	保护级别	类　别	年　代	座落地点	涉台渊源类型
1216	镇安桥	省级	古建筑	清	浦城县临江镇水东村、水西村间临江溪上	血缘
1217	苦斋遗址	市县级	古遗址	元	浦城县富岭镇双同村匡山	血缘
1218	真德秀墓（为西山故居附属文物）	市县级	古墓葬	宋	浦城县莲塘镇颜处村西北面	文缘
1219	南浦白羊坟	市县级	古墓葬	五代	浦城县南浦街道和平村	血缘
1220	章仔钧墓	市县级	古墓葬	五代	浦城县莲塘镇余乐村东	血缘
1221	渔梁驿妈祖庙	市县级	古建筑	清	浦城县仙阳镇渔梁村	文缘
1222	莲塘南峰寺功德院	市县级	古建筑	清	浦城县莲塘镇西岩村方家自然村	血缘
1223	仙阳练夫人井	市县级	古建筑	五代	浦城县仙阳镇练村	血缘
1224	浦城昭宗祠	尚未公布为保护单位	古建筑	清	浦城县南浦街道花园弄134号	法缘
1225	曹村妈祖庙（为云峰寺大殿附属文物）	尚未公布为保护单位	古建筑	清	浦城县水北街镇曹村	文缘
1226	谢翱故居	尚未公布为保护单位	古建筑	清	浦城县水北街镇下坊村	血缘
1227	池湖遗址	省级	古遗址	青铜时代	光泽县崇仁乡共青村北	地缘
1228	崇仁裘氏民居	省级	古建筑	清	光泽县崇仁乡崇仁村	血缘
1229	镇江府	省级	古建筑	清	光泽县寨里镇山头新丰村	血缘
1230	洋塘梁氏宗祠	省级	古建筑	明	光泽县崇仁乡洋塘村	血缘
1231	毛湛毛氏宗祠	省级	古建筑	清	光泽县司前乡台山村毛家自然村	血缘
1232	福字楼	省级	古建筑	清	光泽县崇仁乡崇仁村	血缘
1233	亲睦黄氏宗祠	市县级	古建筑	清	光泽县止马镇亲睦村	血缘
1234	饶坪齐天庙	尚未公布为保护单位	古建筑	清	光泽县鸾凤乡饶坪村	文缘
1235	梅溪饶氏祠堂	尚未公布为保护单位	古建筑	清	光泽县寨里镇梅溪村	血缘
1236	岛石何氏祠堂及民居	尚未公布为保护单位	古建筑	清	光泽县止马镇岛石村	血缘
1237	饶坪万氏民居	尚未公布为保护单位	古建筑	清	光泽县鸾凤镇饶坪村	血缘
1238	司前毛氏祠堂	尚未公布为保护单位	古建筑	清	光泽县司前镇端溪毛家村	血缘
1239	油溪傅氏宗祠	尚未公布为保护单位	古建筑	清	光泽县鸾凤乡油溪村	血缘
1240	溪东雷氏宗祠	尚未公布为保护单位	古建筑	清	松溪县溪东乡雷畲村落	血缘

序号	名　称	保护级别	类　别	年　代	座落地点	涉台渊源类型
1241	杨源英节庙	省级	古建筑	清	政和县杨源乡杨源村	血缘
1242	朱森墓	市县级	古墓葬	宋	政和县铁山镇凤林村	血缘
1243	倪进与夫人合葬墓	尚未公布为保护单位	古墓葬	元末明初	政和县铁山镇凤林村	血缘
1244	范公辅墓	尚未公布为保护单位	古墓葬	明	政和县铁山镇江上村北	血缘
1245	铁坑李夫人祖殿	尚未公布为保护单位	古建筑	清	政和县杨源乡杨源村	文缘
1246	范屯范氏官厅	尚未公布为保护单位	古建筑	明	政和县铁山镇范屯村	血缘
1247	护田范氏宗祠	尚未公布为保护单位	古建筑	明	政和县东平镇护田村	血缘
1248	黄峭墓	省级	古墓葬	五代、清	邵武市和平镇坎头村黄家林山	血缘
1249	金坑文昌宫	省级	古建筑	清	邵武市金坑镇金坑村下坊自然村	文缘
1250	李纲祠	省级	古建筑	清	邵武市通泰街道五四社区李纲路186号	血缘
1251	聚奎塔	省级	古建筑	明	邵武市和平镇和平村	血缘
1252	金坑儒林郎第	省级	古建筑	清	邵武市金坑乡金坑村上坊自然村	血缘
1253	中书第	省级	古建筑	清	邵武市昭阳街道华光社区道家巷3号	血缘
1254	四都青云窑	市县级	古遗址	明	邵武市水北镇四都村窑上自然村	商缘
1255	邵武兴安会馆	市县级	古建筑	清	邵武市昭阳街道登云社区中山路181号	商缘
1256	邵武清真寺	市县级	古建筑	清	邵武市华光路和平巷8号	文缘
1257	坎头惠安祠	市县级	古建筑	清	邵武市和平镇坎头村	血缘
1258	和平东门樵楼	市县级	古建筑	明	邵武市和平镇和平村	血缘
1259	前山坪上官家庙	市县级	古建筑	清	邵武市和平镇坎下村前山坪自然村	血缘
1260	坎头黄氏峭山公祠	市县级	古建筑	清	邵武市和平镇坎头村上井自然村	血缘
1261	和平书院	市县级	古建筑	清	邵武市和平镇和平村	血缘
1262	宝积黄氏大夫第	市县级	古建筑	清	邵武市大埠岗镇宝积村	血缘
1263	和平李氏大夫第	市县级	古建筑	清	邵武市和平镇和平村	血缘
1264	和平黄氏大夫第	市县级	古建筑	清	邵武市和平镇和平村	血缘
1265	宝积黄氏家庙	尚未公布为保护单位	古建筑	清	邵武市大埠岗镇宝积村	血缘

序号	名　称	保护级别	类　别	年　代	座落地点	涉台渊源类型
1266	板岭熊氏家庙	尚未公布为保护单位	古建筑	清	邵武市张厝乡祝岭村板岭自然村	血缘
1267	下梅大夫第	省级	古建筑	清	武夷山市武夷街道下梅村	血缘
1268	赤石暴动地址	省级	近现代重要史迹及代表性建筑	民国	武夷山市武夷街道赤石村	法缘
1269	五夫紫阳楼遗址	市县级	古遗址	宋	武夷山市五夫镇五一村下府前自然村	文缘
1270	五夫屏山书院遗址	市县级	古遗址	宋	武夷山市五夫镇五一村上府前自然村	文缘
1271	董天工墓	市县级	古墓葬	清	武夷山市大王峰山路东侧	文缘
1272	天心永乐禅寺－台湾冻顶乌龙发祥地	市县级	古建筑	清	武夷山市武夷街道天心村	商缘
1273	星村天上宫	市县级	古建筑	清道光年间	武夷山市星村镇东侧黄花岭7号	文缘
1274	五夫兴贤书院	市县级	古建筑	宋、清	武夷山市五夫镇兴贤村五夫里18号	文缘
1275	五夫朱子社仓	市县级	古建筑	清	武夷山市五夫镇五一村	文缘
1276	五夫朱子巷	尚未公布为保护单位	古遗址	宋	武夷山市五夫镇五一村	文缘
1277	武夷山抗战阵亡将士墓地	尚未公布为保护单位	近现代重要墓葬	民国	武夷山市武夷山景区武夷宫	法缘
1278	曹墩董天工故居	尚未公布为保护单位	古建筑	清	武夷山市星村镇曹墩村	文缘
1279	武夷山台湾抗日义勇队旧居	尚未公布为保护单位	近现代重要史迹及代表性建筑	民国	武夷山市区	法缘
1280	武夷山中正公园	尚未公布为保护单位	近现代重要史迹及代表性建筑	民国	武夷山市风景区天游峰顶	法缘
1281	武夷山国民政府第三战区司令部旧址	尚未公布为保护单位	近现代重要史迹及代表性建筑	民国	武夷山市综合农场	法缘
1282	武夷山国民政府"苏皖联立政治学院"旧址	尚未公布为保护单位	近现代重要史迹及代表性建筑	民国	武夷山市景区大王峰麓、赤石、天心村	法缘
1283	武夷山台湾抗日义勇队少年团驻地	尚未公布为保护单位	近现代重要史迹及代表性建筑	民国	武夷山市市区解放路、东峰路	法缘
1284	武夷山国民政府"中央茶场"	尚未公布为保护单位	近现代重要史迹及代表性建筑	民国	武夷山市茶叶总厂	商缘
1285	北苑御焙遗址	全国重点	古遗址	宋	建瓯市东峰镇裴桥村焙前自然村	商缘
1286	建瓯东岳庙	全国重点	古建筑	清	建瓯市建安街道东门村	法缘

序 号	名 称	保护级别	类 别	年 代	座落地点	涉台渊源类型
1287	建瓯文庙	省级	古建筑	清	建瓯市芝山街道青云村仓长路163号	文缘
1288	建瓯大庙东南训练班旧址	市县级	近现代重要史迹及代表性建筑	清~民国	建瓯市东峰镇大庙村	法缘
1289	桂林百年乌龙茶遗址	尚未公布为保护单位	古遗址	清	建瓯市东峰镇桂林村	商缘
1290	井歧王福艇宅	尚未公布为保护单位	古建筑	清	建瓯市东峰镇井歧村	法缘
1291	东峰妈祖庙	尚未公布为保护单位	古建筑	清	建瓯市东峰镇东峰村	文缘
1292	建窑遗址	全国重点	古遗址	宋	建阳市水吉镇后井村	商缘
1293	朱熹墓	全国重点	古墓葬	宋	建阳市黄坑镇后塘村大林谷	文缘
1294	宋慈墓	省级	古墓葬	宋	建阳市崇雒乡崇雒村昌茂坊自然村北侧	文缘
1295	蔡元定墓	省级	古墓葬	南宋	建阳市莒口镇上布村洲头自然村	血缘
1296	祝夫人墓	市县级	古墓葬	南宋	建阳市莒口镇马伏村	文缘
1297	朱塾墓	市县级	古墓葬	南宋	建阳市莒口镇社洲村魏墩自然村后垅山	文缘
1298	蔡克顺墓	市县级	古墓葬	南宋	建阳市麻沙镇东观山	血缘
1299	游匹墓	市县级	古墓葬	唐、五代	建阳市麻沙镇长坪村富垅自然村钟山山麓	血缘
1300	蔡炉公墓	市县级	古墓葬	唐、五代	建阳市麻沙镇麻沙村相思岭排南侧	血缘
1301	建阳考亭牌坊	市县级	古建筑	明	建阳市潭城街道考亭村	文缘
1302	书坊楠木厅	市县级	古建筑	清	建阳市书坊乡书坊村	血缘
1303	水南蔡氏宗祠	市县级	古建筑	清	建阳市麻沙镇水南村	血缘
1304	"西山""庐峰"石刻	市县级	石刻及造像	宋	建阳市莒口镇	血缘
1305	赤水天后宫	省级	古建筑	清	龙岩市新罗区龙门镇赤水村1组	文缘
1306	新邱厝	省级	古建筑	清	龙岩市新罗区中城街道北门居委会和平路32号	血缘
1307	竹贯温氏家庙	省级	古建筑	明	龙岩市新罗区万安镇竹贯村	血缘
1308	吴承顺墓	市县级	古墓葬	宋	龙岩市新罗区龙门镇朝前村大排笔架山下	血缘
1309	泉溪天后宫	市县级	古建筑	明	龙岩市新罗区大池镇南燕村水口	文缘
1310	小池龙池书院	市县级	古建筑	清	龙岩市新罗区小池镇汪洋村	文缘
1311	竹贯观音庵	市县级	古建筑	明	龙岩市新罗区万安镇竹贯村	文缘

序号	名 称	保护级别	类 别	年 代	座落地点	涉台渊源类型
1312	铜钵耸池岩	市县级	古建筑	明	龙岩市新罗区江山乡铜钵村	血缘
1313	苏邦东洋楼	市县级	古建筑	清	龙岩市新罗区雁石镇苏邦村	血缘
1314	龙硿洞题刻	市县级	石刻及造像	明~民国	龙岩市新罗区雁石镇龙康村	法缘
1315	连继芳墓	尚未公布为保护单位	古墓葬	明	龙岩市新罗区西陂镇黄竹坑村	血缘
1316	龙门塔	尚未公布为保护单位	古建筑	明	龙岩市新罗区龙门镇湖一村	地缘
1317	仁和文明塔	尚未公布为保护单位	古建筑	南宋	龙岩市新罗区适中镇仁和村西	地缘
1318	社兴苏禄洲故居	尚未公布为保护单位	古建筑	清	龙岩市新罗区东城社兴村	法缘
1319	中溪得月楼	尚未公布为保护单位	古建筑	清	龙岩市新罗区适中镇中溪村	商缘
1320	雁石圆通寺	尚未公布为保护单位	古建筑	清	龙岩市新罗区雁石镇北河天宫山.	文缘
1321	新罗天后宫	尚未公布为保护单位	古建筑	明、清	龙岩市新罗区龙川东路	文缘
1322	适中白云堂	尚未公布为保护单位	古建筑	清	龙岩市新罗区适中镇中心村适中中学北	文缘
1323	新罗莲花山寺	尚未公布为保护单位	古建筑	明	龙岩市新罗区莲花山北麓	文缘
1324	新罗南禅寺	尚未公布为保护单位	古建筑	清	龙岩市新罗区城南郊	文缘
1325	村美石佛公庙	尚未公布为保护单位	古建筑	清	龙岩市新罗区江山乡村美村	文缘
1326	龙门尚德堂	尚未公布为保护单位	古建筑	明	龙岩市新罗区龙门镇湖二村18组	文缘
1327	新罗吴氏宗祠	尚未公布为保护单位	古建筑	清	龙岩市新罗区城关	血缘
1328	小池将军庙	尚未公布为保护单位	古建筑	明	龙岩市新罗区小池镇黄邦村	血缘
1329	保丰谢氏家庙	尚未公布为保护单位	古建筑	清	龙岩市新罗区适中镇保丰村	血缘
1330	龙门丁仔厝	尚未公布为保护单位	古建筑	清	龙岩市新罗区龙门镇龙门村	血缘
1331	龙门罗氏德庆堂	尚未公布为保护单位	古建筑	清	龙岩市新罗区龙门镇龙门村	血缘
1332	赤水裕远堂	尚未公布为保护单位	古建筑	元、清	龙岩市新罗区龙门镇赤水村	血缘
1333	龙门紫凭楼	尚未公布为保护单位	古建筑	清	龙岩市新罗区龙门镇湖一村下楼坑	血缘
1334	仁和和成楼	尚未公布为保护单位	古建筑	清	龙岩市新罗区镇仁和村保泰自然村	血缘

序 号	名 称	保护级别	类 别	年 代	座落地点	涉台渊源类型
1335	汀州古城墙	省级	古建筑	唐、明	长汀县汀州镇西门社区、东门社区	地缘
1336	汀州文庙	省级	古建筑	宋	长汀县汀州镇西门社区兆征路20号	文缘
1337	汀州府城隍庙	省级	古建筑	唐	长汀县汀州镇西门社区兆征路80号	文缘
1338	馆前沈宅	省级	古建筑	清	长汀县馆前镇坪埔村沈坊小组	血缘
1339	长汀客家宗祠建筑	省级	古建筑	明~清	长汀县汀州镇	血缘
1340	新屋下民居	省级	古建筑	清	长汀县三洲乡三洲村	血缘
1341	涂坊围屋	省级	古建筑	清	长汀县涂坊镇涂坊村坝沿路31号	血缘
1342	三洲戴氏家庙	省级	古建筑	明	长汀县三洲乡三洲村	血缘
1343	汀州如意宫	市县级	古建筑	清	长汀县汀州镇水东街人民巷9号	文缘
1344	汀州天后宫	市县级	古建筑	清	长汀县汀州镇东大街35号	文缘
1345	葛坪广福院	市县级	古建筑	清	长汀县童坊镇葛坪村	文缘
1346	汀州朱子祠	市县级	古建筑	清	长汀县汀州镇西门社区长汀一中	文缘
1347	汀州宗圣庙	市县级	古建筑	清	长汀县汀州镇横岗岭30号	文缘
1348	汀州上官周旧居	市县级	古建筑	清	长汀县汀州镇劳动巷4号	血缘
1349	汀州李氏家庙	市县级	古建筑	清	长汀县汀州镇五通街民主巷2号	血缘
1350	汀州紫云公祠	市县级	古建筑	清	长汀县汀州镇南大街105号	血缘
1351	河田李氏下大屋	市县级	古建筑	清	长汀县河田镇中街村	血缘
1352	溪口刘家祠	尚未公布为保护单位	古建筑	明	长汀县四都镇溪口村赖坑	法缘
1353	溪口刘国轩宅	尚未公布为保护单位	古建筑	明	长汀县四都镇溪口村	法缘
1354	河田陈鼓应故居	尚未公布为保护单位	古建筑	清	长汀县河田	血缘
1355	汀东江氏宗祠	尚未公布为保护单位	古建筑	清	长汀县馆前镇汀东村	血缘
1356	新民廖氏家祠	尚未公布为保护单位	古建筑	清	长汀县汀州镇南门社区新民街25号	血缘
1357	策田黄家祠	尚未公布为保护单位	古建筑	清	长汀县策武乡策田村楼背	血缘
1358	三洲戴仲玉故居	尚未公布为保护单位	古建筑	清	长汀县三洲	血缘

序号	名　　称	保护级别	类　别	年　代	座落地点	涉台渊源类型
1359	三洲丘氏家庙	尚未公布为保护单位	古建筑	清	长汀县三洲乡三洲村梨背巷	血缘
1360	西陂天后宫	全国重点	古建筑	明~清	永定县高陂镇西陂村	文缘
1361	金砂金谷寺	省级	古建筑	清	永定县金砂乡西田村	文缘
1362	中川胡氏家庙	省级	古建筑	明~清	永定县下洋镇中川村中坑自然村	血缘
1363	衍香楼	省级	古建筑	清	永定县湖坑镇新南村	血缘
1364	初溪土楼群—余庆楼、共庆楼、绳庆楼、善庆楼、庚庆楼	省级	古建筑	明~现代	永定县下洋镇初溪村	血缘
1365	高北土楼群—世泽楼、五云楼	省级	古建筑	明	永定县高头乡高北村	血缘
1366	洪坑土楼群—福兴楼、光裕楼、如升楼	省级	古建筑	清	永定县湖坑镇洪坑村	血缘
1367	遗经楼	省级	古建筑	清	永定县高陂镇上洋村	血缘
1368	永康楼	省级	近现代重要史迹及代表性建筑	民国	永定县下洋镇霞村	血缘
1369	富岭天后宫	市县级	古建筑	明~清	永定县高陂镇富岭村	文缘
1370	坎市天后宫	市县级	古建筑	清	永定县坎市镇坎市居委会	文缘
1371	坎市云川上下祖祠	市县级	古建筑	明	永定县坎市镇	血缘
1372	古竹五实楼	市县级	古建筑	明	永定县古竹乡古竹村塘仔自然村	血缘
1373	中川富紫楼	市县级	古建筑	清	永定县下洋镇中川村	血缘
1374	古竹吕氏一世祖墓	尚未公布为保护单位	古墓葬	南宋	永定县湖坑镇六联村	血缘
1375	胡焯猷墓	尚未公布为保护单位	古墓葬	清	永定县下洋镇中川村	血缘
1376	三联灵光塔	尚未公布为保护单位	古建筑	明	永定县下洋镇三联村溪头自然村	地缘
1377	北山关帝庙	尚未公布为保护单位	古建筑	明	永定县高陂镇北山村	文缘
1378	高头天后宫	尚未公布为保护单位	古建筑	清	永定县高头圩场后	文缘
1379	洪坑天后宫	尚未公布为保护单位	古建筑	清	永定县湖坑镇洪坑村	文缘
1380	下洋乐真寺	尚未公布为保护单位	古建筑	明	永定县下洋镇太平寨	文缘
1381	下洋天后宫	尚未公布为保护单位	古建筑	清	永定县下洋镇汤子阁	文缘
1382	坎市五显庙	尚未公布为保护单位	古建筑	明	永定县坎市镇坎市街居委会庵排	文缘

序号	名　称	保护级别	类别	年代	座落地点	涉台渊源类型
1383	抚市赖氏宗祠	尚未公布为保护单位	古建筑	明	永定县抚市镇	血缘
1384	抚市社前天后宫	尚未公布为保护单位	古建筑	清	永定县抚市社前村	血缘
1385	溪口村吕氏宗祠	尚未公布为保护单位	古建筑	明	永定县古竹乡溪口村	血缘
1386	楼下李氏宗祠	尚未公布为保护单位	古建筑	明	永定县湖坑镇楼下村	血缘
1387	思贤吴氏宗祠	尚未公布为保护单位	古建筑	明	永定县下洋镇思贤村	血缘
1388	浮山思山祠	尚未公布为保护单位	古建筑	清	永定县坎市镇浮山村	血缘
1389	上西西兴祠	尚未公布为保护单位	古建筑	清	永定县龙潭镇上西村西坪片	血缘
1390	西陂林氏大宗祠	尚未公布为保护单位	古建筑	清	永定县高陂镇西陂村焦头角	血缘
1391	秀山李氏宗祠	尚未公布为保护单位	古建筑	清	永定县坎市镇秀山村圆背自然村	血缘
1392	秀山吴氏宗祠	尚未公布为保护单位	古建筑	清	永定县坎市镇秀山村南山自然村	血缘
1393	东溪卢氏家庙	尚未公布为保护单位	古建筑	清	永定县坎市镇坎市街排下自然村	血缘
1394	大溪巫氏宗祠	尚未公布为保护单位	古建筑	清	永定县大溪乡大溪村	血缘
1395	大溪东山祠	尚未公布为保护单位	古建筑	清	永定县大溪乡大溪村东山组	血缘
1396	大溪南山祠	尚未公布为保护单位	古建筑	明	永定县大溪乡大溪村塘背自然村	血缘
1397	大德峻厦祠	尚未公布为保护单位	古建筑	明、清	永定县古竹乡大德村	血缘
1398	洪源简氏家庙	尚未公布为保护单位	古建筑	清	永定县培丰镇洪源村	血缘
1399	初溪徐氏宗祠	尚未公布为保护单位	古建筑	清	永定县下洋镇初溪村	血缘
1400	中川务滋楼	尚未公布为保护单位	古建筑	清	永定县下洋镇中川村南京堂组	血缘
1401	高东升远楼	尚未公布为保护单位	古建筑	清	永定县高头乡高东村	血缘
1402	长流陈氏宗祠	尚未公布为保护单位	古建筑	明	永定县培丰镇长流村	血缘
1403	思贤履顺楼	尚未公布为保护单位	古建筑	清	永定县下洋镇思贤村永利组	血缘
1404	共星霁月楼	尚未公布为保护单位	古建筑	清	永定县陈东乡共星村	血缘

序 号	名 称	保护级别	类 别	年 代	座落地点	涉台渊源类型
1405	大溪有济楼	尚未公布为保护单位	古建筑	清	永定县大溪乡大溪村古溪	血缘
1406	上杭文庙	省级	古建筑	清	上杭县临江镇镇中居委会解放路	文缘
1407	李氏大宗祠	省级	古建筑	清	上杭县稔田镇官田村	血缘
1408	存耕堂	省级	古建筑	清	上杭县中都镇罗溪村	血缘
1409	张化孙公古墓	市县级	古墓葬	南宋	上杭县白砂镇茜洋村大坪岗上	血缘
1410	下坊温九郎墓	市县级	古墓葬	明	上杭县庐丰乡下坊村	血缘
1411	亲睦叶映玉墓	市县级	古墓葬	明	上杭县中都镇亲睦村	血缘
1412	丰康廖氏始祖墓	市县级	古墓葬	北宋	上杭县庐丰乡丰康村	血缘
1413	丘三五郎墓	市县级	古墓葬	宋	上杭县太拔乡黄岩屏风岭	血缘
1414	李火德墓	市县级	古墓葬	宋	上杭县稔田乡丰朗村	血缘
1415	临江郭氏家庙	市县级	古建筑	清	上杭县临江镇中路59号	血缘
1416	丰济蓝氏家庙	市县级	古建筑	明	上杭县庐丰乡丰济村	血缘
1417	化厚黄天禄墓	尚未公布为保护单位	古墓葬	宋	上杭县稔田镇化厚村	血缘
1418	临江丘氏总祠	尚未公布为保护单位	古建筑	清	上杭县临江镇解放路	血缘
1419	赖坊赖氏宗祠	尚未公布为保护单位	古建筑	清	上杭县古田镇赖坊村	血缘
1420	梅永温氏宗祠	尚未公布为保护单位	古建筑	明	上杭县蓝溪镇梅永村	血缘
1421	何大郎墓	市县级	古墓葬	清	武平县岩前镇宁洋村	血缘
1422	灵岩均庆寺	市县级	古建筑	清	武平县岩前镇灵岩村	文缘
1423	红东李氏宗祠	市县级	古建筑	明	武平县平川镇红东村	血缘
1424	蓝大一郎墓	尚未公布为保护单位	古墓葬	清	武平县大禾乡大礤村吉坑水口	血缘
1425	练渊文夫妻墓	尚未公布为保护单位	古墓葬	清	武平县象洞乡洋贝村塘背自然村	血缘
1426	陈埔饶氏家族墓	尚未公布为保护单位	古墓葬	清	武平县武东乡陈埔村	血缘
1427	梁野山庙	尚未公布为保护单位	古建筑	宋~清	武平县中堡镇大绩村	文缘
1428	伏虎钟氏家庙	尚未公布为保护单位	古建筑	明	武平县岩前镇伏虎村	血缘
1429	黄埔饶氏宗祠	尚未公布为保护单位	古建筑	清	武平县武东乡黄埔村	血缘
1430	狮岩定光大师来岩事迹碑	尚未公布为保护单位	石刻及造像	清	武平县岩前镇灵岩村狮岩	文缘

序号	名 称	保护级别	类别	年代	座落地点	涉台渊源类型
1431	四堡书坊建筑	全国重点	古建筑	明~清	连城县四堡乡马屋村	血缘
1432	培田村古建筑群	全国重点	古建筑	明~清	连城县宣和乡培田村	血缘
1433	云龙桥	省级	古建筑	清	连城县罗坊乡下罗村青岩河上	地缘
1434	璧洲文昌阁	省级	古建筑	清	连城县莒溪镇璧洲村	文缘
1435	芷溪宗祠建筑	省级	古建筑	清	连城县庙前镇芷溪村	血缘
1436	马埔玲珑公庙	市县级	古建筑	明	连城县朋口镇马埔村	文缘
1437	上堡公王庙	市县级	古建筑	明	连城县姑田镇上堡村	文缘
1438	水北天麟庙	市县级	古建筑	明	连城县庙前镇水北村	血缘
1439	新泉万人台	市县级	近现代重要史迹及代表性建筑	1929年	连城县新泉镇新泉村	文缘
1440	虎符祖殿	省级	古建筑	明	漳平市新桥镇南丰村	文缘
1441	李庄长青楼	市县级	古建筑	明、清	漳平市永福镇李庄村	血缘
1442	奇和洞遗址	尚未公布为保护单位	古遗址	旧石器时代	漳平市象湖镇灶头村	地缘
1443	李庄宏英堂	尚未公布为保护单位	古建筑	明、清	漳平市永福镇李庄村	血缘
1444	白泉龙安堂	尚未公布为保护单位	古建筑	元、清	漳平市新桥镇白泉村	血缘
1445	宁德天后宫	省级	古建筑	清	宁德市蕉城区蕉南街道福山路60号	文缘
1446	黄礼鉁墓	市县级	古墓葬	清	宁德市蕉城区洋中镇虎贝乡文峰村	血缘
1447	瓦窑岗遗址	尚未公布为保护单位	古遗址	青铜时代	宁德市蕉城区霍童镇邑坂村东北	地缘
1448	文峰黄礼鉁故居	尚未公布为保护单位	古建筑	清	宁德市蕉城区虎贝乡文峰村中心路42号	血缘
1449	黄瓜山遗址	省级	古遗址	新石器时代	霞浦县沙江镇小马村	地缘
1450	大京城堡	省级	古建筑	明	霞浦县长春镇大京村	法缘
1451	传胪城堡	省级	古建筑	明	霞浦县长春镇传胪村	法缘
1452	竹江天后宫	省级	古建筑	清	霞浦县沙江镇竹江村	文缘
1453	龙溪宫	省级	古建筑	清	霞浦县溪南镇白露坑村半月里自然村	文缘
1454	松山天后宫	省级	古建筑	清	霞浦县松港街道办事处松山村	文缘
1455	洋屿导航灯塔	市县级	古建筑	清	霞浦县海岛乡洋屿岛	地缘

序号	名　称	保护级别	类　别	年　代	座落地点	涉台渊源类型
1456	吕峡蔡牵石刻	市县级	石刻及造像	清	霞浦县长春镇吕峡村	法缘
1457	留云洞摩崖石刻群	市县级	石刻及造像	民国	霞浦县三沙镇石厝	文缘
1458	东澳天后宫碑刻	市县级	石刻及造像	清	霞浦县三沙镇东澳村	文缘
1459	厚首贝丘遗址	尚未公布为保护单位	古遗址	新石器时代	霞浦县沙江镇厚首村北面	地缘
1460	八堡城堡	尚未公布为保护单位	古建筑	明	霞浦县沙江镇八堡村	法缘
1461	下砚董长潘故居	尚未公布为保护单位	古建筑	清	霞浦县溪南镇下砚村	法缘
1462	下浒三洲古民居群	尚未公布为保护单位	古建筑	清	霞浦县下浒镇三洲村	商缘
1463	松城游朴故居	尚未公布为保护单位	古建筑	明	霞浦县松城街道俊星村	血缘
1464	临水宫	省级	古建筑	清	古田县大桥镇中村村北	文缘
1465	杉洋旧院遗址	尚未公布为保护单位	古遗址	青铜时代	古田县杉洋镇杉洋村西	地缘
1466	林朝聘墓	尚未公布为保护单位	古墓葬	清	古田县杉洋镇夏庄村北	法缘
1467	甘享贵墓	尚未公布为保护单位	古墓葬	清	古田县城西街道办事处长岭村	血缘
1468	长岭甘国宝故居	尚未公布为保护单位	古建筑	清	古田县城西街道办事处长岭村	法缘
1469	杉洋林朝聘故居	尚未公布为保护单位	古建筑	清	古田县杉洋镇杉洋村	法缘
1470	杉洋联珠祠	尚未公布为保护单位	古建筑	清	古田县杉洋乡杉洋村	血缘
1471	古田怡云山馆	尚未公布为保护单位	近现代重要史迹及代表性建筑	民国	古田县城西街道办事处罗峰村	血缘
1472	小梨洋甘国宝故居	省级	古建筑	清	屏南县甘棠乡小梨洋村	法缘
1473	薛文潮墓	尚未公布为保护单位	古墓葬	清	屏南县棠口乡贵溪村岠头自然村	法缘
1474	漈下甘氏宗祠	尚未公布为保护单位	古建筑	清	屏南县甘棠乡漈下村	法缘
1475	双溪薛氏宗祠	尚未公布为保护单位	古建筑	清	屏南县双溪镇双溪村	法缘
1476	下黄山遗址	尚未公布为保护单位	古遗址	青铜时代	寿宁县武曲镇承天村西侧	地缘
1477	何宜武、何宜慈故居	尚未公布为保护单位	古建筑	清	寿宁县斜滩镇斜滩村何家巷6号	血缘
1478	杉洋林公忠平王祖殿	省级	古建筑	明	周宁县玛坑乡杉洋村	文缘

序 号	名 称	保护级别	类 别	年 代	座落地点	涉台渊源类型
1479	游朴墓	省级	古墓葬	明	柘荣县双城镇南街村北郊大坪	血缘
1480	溪口袁氏宗祠	省级	古建筑	清	柘荣县乍洋乡溪口村	血缘
1481	柏峰游氏宗祠	市县级	古建筑	清	柘荣县黄柏乡上黄柏村	血缘
1482	黄柏游朴德政坊	市县级	古建筑	明	柘荣县黄柏乡黄柏村	血缘
1483	上黄柏延寿宫	尚未公布为保护单位	古建筑	明	柘荣县黄柏乡上黄柏村	文缘
1484	黄柏游氏仙姑宫	尚未公布为保护单位	古建筑	清	柘荣县黄柏乡黄柏村	文缘
1485	湄洋陈氏宗祠	尚未公布为保护单位	古建筑	清	柘荣县城郊乡湄洋村	血缘
1486	富溪补阙祠	省级	古建筑	清	福安市溪潭镇濑尾村高岩自然村	血缘
1487	太后公厅	省级	古建筑	明	福安市晓阳镇晓阳村	血缘
1488	张如翰墓	市县级	近现代重要墓葬	1923年	福安市罗江街道办事处大留村	血缘
1489	苏坂林卓午故居	市县级	古建筑	清	福安市康厝乡苏坂村	文缘
1490	上白石遗址	尚未公布为保护单位	古遗址	青铜时代	福安市上白石镇上白石村西	地缘
1491	鲤鱼岗遗址	尚未公布为保护单位	古遗址	青铜时代	福安市潭头镇洋中村西	地缘
1492	伏龙山遗址	尚未公布为保护单位	古遗址	青铜时代	福安市社口镇四甫村北	地缘
1493	社口遗址	尚未公布为保护单位	古遗址	青铜时代	福安市社口镇社口村东	地缘
1494	牛粪山遗址	尚未公布为保护单位	古遗址	青铜时代	福安市坂中乡长汀村北	地缘
1495	虎头山遗址	尚未公布为保护单位	古遗址	青铜时代	福安市溪潭镇城山村西南	地缘
1496	朱格一墓	尚未公布为保护单位	古墓葬	清	福安市坂中乡坑下村步兜山自然村	血缘
1497	坂中朱复良故居	尚未公布为保护单位	近现代重要墓葬	民国	福安市坂中乡松潭居委会松潭街19号	血缘
1498	坑下朱氏祖居	尚未公布为保护单位	古建筑	清	福安市坂中乡坑下村步布兜山自然村	血缘
1499	大留张氏宗祠	尚未公布为保护单位	古建筑	清	福安市罗江街道办事处大留村	血缘
1500	罗江罗文藻故居	尚未公布为保护单位	古建筑	明	福安市罗江街道办事处罗江里巷61号	血缘
1501	罗江学士桥	尚未公布为保护单位	古建筑	明	福安市罗江街道办事处大留村	血缘
1502	罗江张公井	尚未公布为保护单位	古建筑	北宋	福安市罗江街道办事处大留村	血缘

序号	名称	保护级别	类别	年代	座落地点	涉台渊源类型
1503	城北陈氏宗祠（含木牌楼）	尚未公布为保护单位	古建筑	清	福安市城北街道上杭社区	血缘
1504	朱丕春墓	尚未公布为保护单位	近现代重要墓葬	1987年	福安市坂中乡坑下村步兜山自然村	文缘
1505	马栏山遗址	省级	古遗址	青铜时代	福鼎市店下镇巽城村	地缘
1506	后门山遗址	省级	古遗址	新石器时代	福鼎市管阳镇管阳村渔池自然村	地缘
1507	秦屿戍守台湾将士墓群	省级	古墓葬	明、清	福鼎市秦屿镇农业村	法缘
1508	张朝发墓	省级	古墓葬	清	福鼎市秦屿镇瓜园村	法缘
1509	点头妈祖宫	省级	古建筑	明、清	福鼎市点头镇点居村	文缘
1510	陈前墩遗址	尚未公布为保护单位	古遗址	青铜时代	福鼎市管阳镇章边村大洋自然村东南	地缘
1511	蔡牵屯兵遗址	尚未公布为保护单位	古遗址	清	福鼎市嵛山镇马祖村	法缘
1512	张荣八墓	尚未公布为保护单位	古墓葬	清	福鼎市管阳镇管阳村坑里庵自然村	血缘
1513	前岐晏公宫	尚未公布为保护单位	古建筑	明	福鼎市前岐镇彩岙村	文缘
1514	嵛山大使宫	尚未公布为保护单位	古建筑	清	福鼎市嵛山镇马祖村	文缘
1515	秦屿九使庙	尚未公布为保护单位	古建筑	清	福鼎市秦屿镇岭后路	文缘

后记

福建与台湾一水之隔，有着深厚的历史渊源和密切的文化关联。福建的涉台文物，正是在闽台间长期的历史演进过程中形成的，既有浓缩与积淀海峡两岸同属中华民族传统文化的共性，亦有反映闽台间"地缘相近、血缘相亲、文缘相连、商缘相通、法缘相系"等诸多不可替代之特性，是海峡两岸最为宝贵的文化遗产与情感依附。台湾历史上虽然有过与大陆分离，但终究都归于统一，其中缘由固然很多，但民族文化的认同不能不说是一个基本而又重要的因素。涉台文物即是这种两岸历史文化重要的物质与精神载体。对其实施有效保护、合理利用，不断扩大宣传与展示，是福建人民义不容辞的责任；对密切海峡两岸人民的血脉联系，追忆过去、直面现在与未来，促进祖国早日和平统一，具有非常重要的意义。

有鉴于涉台文物不同于通常按照年代、地域、类型、形制等来分类，而是以文物与台湾地域文化之间固有的内在联系来认定的新的文化遗产类型，"是大陆与台湾之间政治、经济、文化等方面交流交往，体现两岸同胞同宗、同源关系，并具有历史、艺术、科学价值的实物和重要史迹"，在有效保护、合理利用、宣传展示等方面有着自身的特点与紧迫性，我们特着手编辑出版了这本《福建涉台文物大观》。

本书所编选的内容，主要源于福建省文化厅、省文物局自2005年开始组织的对福建不可移动的涉台文物资源所进行的广泛调查、研究与保护成果，以及全省上下文化文物工作者在长年坚持不懈的努力工作中所获取、积累的翔实资料。

本书编辑工作开始于 2010 年初，首先由福建省文物局组织全省各市、县、区文化文物部门对本区域已有的涉台文物数据进行全面筛选，并安排人员按照编辑出版要求，提供相关资料、照片与相应文字说明；再由各涉区市文化文物部门将其中重要的涉台文物汇总、提交到福建省文物局。然后由福建省文物局的郑国珍、何经平、常浩、林小燕、卢晶等，负责与各位编写者和各涉区市文物部门承担此项工作者，以多种方式反复求实，促成所选涉台文物点的图片与文字资料翔实并汇总到位；之后，由福建博物院的楼建龙、张金德、蓝东阳、陈建云、陈瑜等人，对所获取的图片和文字资料做进一步的规范化梳理，形成初稿，交由郑国珍、何经平、楼建龙、常浩、蓝东阳进行第一轮修改，并将修改稿征求各编写者意见。在此基础上，由郑国珍负责对收录的所有图片、文字做逐幅、逐篇的甄别确认、修改订正与统稿。本书的前言与概述，由郑国珍、楼建龙执笔。

在本书经历将近两年的编辑出版过程中，特别要感谢来自国家文物局和福建省委、省政府领导的关心、支持，感谢所有对福建涉台文物保护工作给予关爱与帮助的专家学者、各级和各部门领导，感谢全省辛勤参与涉台文物调查、研究与保护、管理的各位文化文物工作者，限于篇幅不一一列举。同时要感谢福建教育出版社的张永钦编辑，她以认真的态度与辛勤的付出，终于促成了本书的顺利出版。

由于编者水平有限，难免会存在一些讹误与缺漏，祈盼广大读者与有识之士不吝赐教。

编　者

2011 年 9 月